저자 마스터유진

저자는 미국에서 십 수 년간 1.5세로 살며
수많은 에러 수정과 연구를 거듭하며
나이를 불문하고 누구나 이중 언어를 구사할 수 있는
한국인에게 최적화된 학습법을 완성했다.
온/오프강의, TV/라디오 진행, 교육청 강연,
그리고 수많은 베스트셀러로 인정받은 그가
결과물 없는 강의는 절대 하지 않는다는 자부심으로
"아는 영어 말고 하는 영어"를 전수하고 있다.

마유캠퍼스 대표 (mayucampus.com) / University of California San Diego (UCSD) TESOL / Montclair
State University, New Jersey 우수졸업 (Cum Laude) / Boonton High School, New Jersey 우수졸업
(Honors)

이력

EBS [왕초보영어] 진행
EBS 라디오 [Easy Writing] 진행
EBS 라디오 [Evening Special] 진행
EBS 라디오 [세상의 모든 영어] 진행
EBS 라디오 [English Go! Go!] 출연
EBS [쉘위톡] 학습자문 및 출연
EBS 라디오 [Morning Special] 출연
EBS [교육저널] 출연
EBS [매일 10분 영어: 마스터유진의 한 줄 입영작] 진행
강남 YBM어학원 스피킹/청취 강의 진행
메가잉글리시, 멀티캠퍼스 스피킹/청취 강의 진행
부산교육청·제주도교육청 강연
교육 박람회 강연

저서

마유캠퍼스 프레임 입영작 시리즈
마유캠퍼스 안초보영어
1일 1표현 / 1일 1단어
영어회화 코어 패턴 50
사용빈도 1억 영어실수 백신
사용빈도 1억 영어회화 표현
EBS [왕초보영어] 여행편
EBS [왕초보영어] 2018~2023
EBS [왕초보영어] 1권~4권
EBS 라디오 Easy Writing 월간
마유 영어 입영작 영어회화 1권~4권
영어회화 입영작 훈련 1권~4권+Special Edition
영어리스닝 훈련 실천 다이어리 1권~2권

마스터유진의 100% 무료 영어 꿀팁

#유튜브 (검색어: 마스터유진) #인스타그램 (검색어: 마스터유진) #블로그: blog.naver.com/machinegy

EBS 왕초보영어 일력 365

발 행 일 | 2023년 11월 2일
1쇄 인쇄일 | 2023년 10월 16일

기 획 | EBS
발행인 | 김유열
지은이 | 마스터유진
디자인 | ㈜하이테크컴
편 집 | ㈜하이테크컴
인 쇄 | 벽호

펴 낸 곳 | 한국교육방송공사 • 경기도 고양시 일산동구 한류월드로 281
신고번호 | 제2017-000193호
교재문의 | 1588-1580

머리말

EBS 왕초보영어 일력 365의 첫 장을 넘겨 보고 의아해하실 수도 있습니다.

'뭐? 하루에 한 단어라고?

'난 하루에 단어 100개도 외울 수 있는데?'

네, 사실 누구나 마음만 먹으면 단기간에도 여러 단어를 암기할 수는 있죠.

하지만 맥락 없는 무조건적 암기는 꾸준히 하기도 어렵고,

조금만 시간이 지나도 기억에 남지 않으며, 문장으로 만들지도 못합니다.

하루 한 단어를 목표로 하는 마유의 EBS 왕초보영어 일력 365는

공감도 100% 예문과 삽화, 마유의 친절한 해설과 Tip을 통해

단어 하나를 익히더라도 완벽하게 흡수시킬 수 있습니다.

Micro Habits(원자 단위의 습관)의 힘은 무섭습니다.

아무리 작은 노력이라도 꾸준함과 함께한다면 엄청난 결과를 만듭니다.

여러분은 앞으로 365일 후, 달라진 본인의 모습에 놀라게 될 것입니다.

언어 습득은 긴 여정입니다. 급할 것 없습니다. 급하면 질립니다.

언어는 질리면 끝입니다.

365일 후에 뵙겠습니다.

마스터유진 드림

rough
거친

It's been a rough year. I know.

거친 한 해였죠. 알아요.

 마유 says

rough는 smooth(매끄러운)의 반대말이라고 봐도 좋습니다. 표면이 거칠다는 뜻도 되지만, 과정이 순탄하지 않다는 뜻도 됩니다. 힘든 시간이었다고 표현할 때 단골로 사용되죠.

#tough(어려운)   #challenging(도전적인)   #hard(힘든)

1 월별 주제에 근접하게 선정된 어휘 365개를 날짜별로 한 장씩 넘겨 가며 하루에 한 단어씩 뜻과 함께 익혀 보세요.

2 날짜별 어휘를 활용한 예문을 직접 큰 소리로 읽어 보세요. 주로 마유쌤이 주인공으로 등장하는 그림과 함께하니 문장의 뜻과 뉘앙스가 더욱 와닿을 거예요.

3 스마트폰으로 QR 코드를 인식하여 바로 스트리밍되는 음원을 들어 보세요. 원어민이 두 번씩 읽어 주는 단어와 예문을 듣고 따라 해 보세요.

4 단어의 의미나 활용과 관련된 풍부한 정보를 마유쌤의 친절한 해설과 Tip으로 제시했어요. 수시로 읽어 보세요.

5 날짜별 어휘와 관련 있는 단어들을 해시태그(#)로 묶어서 제시했어요. 이 단어들도 익혀서 어휘력을 확장해 보세요.

6 하루 한 단어씩 공부하며 회독체크 박스에 표시해 보세요. 어느덧 365일이 지났다면, 새롭게 맞은 새해 첫날, 일력을 1월 1일로 되돌려 다시 시작해 보세요.

greasy

기름진

The greasy pizza still tasted good!

피자가 기름지긴 했지만 여전히 맛있었어!

마유 says

greasy의 grease는 기름(윤활유)을 말해요. 흔히 '구리스'라고도 하는데 들어 본 적 있나요? 특히, 음식이 기름지고 맛이 느끼하다고 할 때는 greasy를 씁니다. 부정적이죠.

마유's tip

oily는 단순히 기름기가 있다는 말이기 때문에 중립적인 단어에 가까워요.

#fat(지방) #unhealthy(건강하지 못한) #fresh(신선한)

차례

| 1월 | 2월 | 3월 |
| January | February | March |

| 4월 | 5월 | 6월 |
| April | May | June |

| 7월 | 8월 | 9월 |
| July | August | September |

| 10월 | 11월 | 12월 |
| October | November | December |

old-fashioned
구식인

I know overalls are old-fashioned, but I still love these.

멜빵바지가 구식인 건 아는데, 전 여전히 너무 좋아요.

 마유 says
옷 스타일 외에도 생각하는 방식, 일을 처리하는 방식 등에도 사용합니다. old-fashioned는 항상 그렇진 않지만 대부분 부정적인 뉘앙스를 띤다고 봐야 해요.

 마유's tip
비슷한 말로는 outdated가 있어요.

#classic(고전적인) #trendy(트렌디한) #popular(인기 있는)

January

—— 1월 ——

아직까지 고민만 하고 있다면,
맹세코 내년에도 고민만 하다 끝납니다.
일단 시작하세요.
마유가 함께 가는데 걱정을 왜 해요?

회 독 체 크

1회 2회 3회

lend
빌려주다

Can you please lend me some money?

제발 돈 좀 빌려주실 수 있어요?

 마유 says
빌려주다는 lend를 써야 하는데 borrow(빌리다)를 쓰는 실수가 허다합니다. lend는 돈을 빌려주는 게 될 수도 있고, 물건을 빌려주는 것일 수도 있습니다.

 마유's tip
참고로, lend의 과거형은 lent예요.

#bank(은행)   #loan(대출)   #credit(신용)

resolution

다짐

So, what's your New Year's resolution? Hmm?

그래서, 새해 다짐이 어떻게 되나요? 흠?

 마유 says   1월 1일부터 살짝 생소한 단어의 등장. 사실, 이 단어는 단독으로 쓰는 경우가 많지 않은데요. 보통 New Year's resolution(새해 다짐)으로 묶어서 사용하기 때문이죠.

 마유's tip   누군가가 새해 다짐을 물어보면 "I want to ○○○. = ○○○하고 싶어요."로 받아치는 센스.

#promise(약속)   #goal(목표)   #motivation(동기)

embarrassed

민망해하는

I felt so embarrassed when I fell over in front of her.

그녀 앞에서 넘어졌을 때 엄청 민망했어.

마유 says

embarrassed는 실수 등으로 인해 민망함을 겪는 상태를 강조합니다.
예 길을 가다 사람들 앞에서 넘어짐

마유's tip

발음이 어려워 보이지만 'ba'에 강세만 강하게 주면 해결됩니다.

#embarrassing(민망하게 하는) #shy(수줍은) #mistake(실수)

회 독 체 크

| 1회 | 2회 | 3회 |

freezing

엄청 추운

Gosh! I hate freezing weather!

어휴! 엄청 추운 날씨 진짜 싫어!

마유 says
freezing에 비하면 cold는 귀여운 수준의 추위입니다. 두 단어를 합쳐 freezing cold(얼어붙을 정도로 매우 엄청 추운)처럼 강조를 하기도 하죠.

마유's tip
엄청 더울 때는 살짝 슬랭기가 있는 blazing hot(불타는 듯이 엄청 더운)을 쓰면 멋집니다.

#freeze(얼리다) #cold(추운) #winter(겨울)

diarrhea

설사

I had diarrhea all day long yesterday.

나 어제 종일 설사했어.

마유 says

스펠링이 정말 어렵지만 솔직히 무조건 알아야 하는 단어입니다. 스펠링이 너무 어렵거나 조금 더 일상적인 표현을 쓰고 싶다면 have the runs(설사를 하다)를 쓰세요.

마유's tip

반대말이라고 봐야 할 만한 '변비'는 constipation입니다.

#emergency(긴급)　#toilet(변기)　#suffer(고통을 겪다)

beginning

시작

This is only the beginning, my friend!

이건 시작에 불과하다고, 친구!

마유 says

beginning 대신 start를 써도 좋습니다. 특히 스펠링이 헷갈릴 땐 더더욱 말이죠. beginning에 n을 하나만 넣는 실수는 coming에 m을 두 개 넣는 실수만큼 흔하죠.

마유's tip

참고로, '끝'은 간단히 end를 쓰면 되겠습니다.

#fresh(새로운) #goal(목표) #end(끝)

sleigh

썰매

I'm enjoying a sleigh ride with Mr. Santa Claus right here.

바로 여기서 산타클로스와 썰매 타는 걸 즐기고 있죠.

마유 says

썰매를 나타내는 단어 중 대표적인 두 개가 바로 sled와 sleigh입니다. sled는 우리가 보통 알고 있는 눈썰매장에서 타는 썰매예요. 반면, sleigh는 축제에서나 볼 수 있는 동물이 끄는 썰매입니다.

예 순록이 끄는 산타클로스 썰매

#slide(미끄러지듯 나아가다)   #movement(움직임)   #snowy(눈에 덮인)

appointment

예약

I have an appointment with Dr. Mayu.

마유 선생님과 예약이 있는데요.

마유
says

appointment는 사람과 만나기 위한 예약입니다.
예 상담 예약, 진료 예약 등
make an appointment(예약을 잡다), have an appointment(예약이 있다) 등 덩어리로 익히세요.

마유's
tip

물건이나 서비스에 대한 예약은 reservation을 사용하죠.
예 회의실 예약, 호텔 예약 등

#plan(계획) #reservation(예약) #book(예약하다)

stocking

긴 양말

I hope Santa fills my stockings with lots of presents!

MAYU

산타 할아버지가 제 양말을 많은 선물로 채워 주시면 좋겠어요!

마유
says

stocking도 사실 여느 바지류와 마찬가지로 보통 복수(stockings)로 쓰는 게 맞아요. 우리가 알고 있는 나일론 스타킹만을 말하는 게 아니라 원래 긴 양말을 그렇게 부르는데, 크리스마스트리에 실제로 stockings를 건다고 표현합니다.

#socks(양말) #leg(다리) #warmth(따뜻함)

회 독 체 크
1회 2회 3회

talented
재능이 있는

Man! Your son is really talented!

와! 아드님이 진짜로 재능이 있네요!

 마유 says talent(재능)라는 명사에서 온 형용사입니다. 비슷한 말로 gifted라는 단어가 있는데 이건 원래 타고났다는 느낌을 더 강하게 전해 주죠.

 마유's tip 참고로, 탤런트는 '배우'라는 뜻이 아닙니다!

#blessed(축복받은)   #genius(천재)   #skillful(실력이 있는)

return
반납하다

I have to return this car by 12!

CAR → RENTAL SHOP

이 자동차 12시까지 반납해야 해!

마유
says

re-(다시) + turn(돌리다) = return
'반납하다' 외에도 '돌아가다, 반송하다' 등으로 해석합니다.

마유's
tip

're-'에 이미 '다시, 도로'라는 의미가 있기 때문에, 원칙적으로는 return back이
라고 쓰면 안 돼요.

#borrow(빌리다)   #rent(대여하다)   #lend(빌려주다)

celebrate
기념하다

Let's celebrate Mayu's birthday, shall we?

같이 마유의 생일을 기념해요, 그럴까요?

 마유 says
무언가를 기념하거나 축복한다는 뜻으로 사용합니다. 무엇을 기념하는지는 전치사 같은 것 없이 바로 뒤에 써 주면 돼요.

 마유's tip
'기념'이라는 뜻의 명사 celebration도 알아 두면 최고죠.

#congratulate(축하하다) #ceremony(기념식) #respect(존중)

upstairs

위층에서

I'm sorry.
My kids are playing upstairs.

미안해. 아이들이 위층에서 놀고 있어서.

마유
says

upstairs는 '위층에서, 위층으로, 위층에' 등의 의미를 가진 부사입니다. 이 단어 자체가 부사여서 전치사 on이나 to를 넣을 필요가 없어요.

마유's
tip

downstairs(아래층에서)도 당연히 마찬가지입니다.

#basement(지하) #attic(다락) #story(층)

회 독 체 크

1회 2회 3회

midnight
자정, 밤 12시

Come back before midnight, princess!

자정 전에는 돌아오세요, 공주님!

 마유 says
정오(낮 12시)가 noon인 건 알지만 자정(밤 12시)을 모르는 분들이 많습니다. 정말 많아요. mid는 중간, night은 밤. 그러니까 밤의 중간, 즉 자정이 되는 거죠.

 마유's tip
at과 함께 쓰는 at midnight은 '자정에'라는 덩어리 표현입니다.

#noon(정오) #dark(어두운) #o'clock(시)

sober
술이 깬

I'm not sober yet.
Don't wake me up...

나 아직 술 안 깼어. 나 좀 깨우지 마…

 마유 says drunk는 술에 취한 상태를 강조하는 단어라고 했죠? 반대로, sober는 술이 깬 상태 혹은 아직 취하지 않은 상태를 강조하는 형용사예요.

 마유's tip hungover(숙취가 있는)도 배웠었는데, 벌써 잊으신 건 아니죠?

#clear(맑은)　#strong(강한)　#control(조절하다)

goosebumps

소름, 닭살

I just got goosebumps!

나 방금 소름 돋았잖아!

 마유 says

놀라운 걸 보거나 들으면 우리는 닭살이 돋지만 원어민들은 거위살이 돋습니다.
하나만 돋는 게 아니니까 물론 복수로 쓰는 게 좋겠죠?

 마유's tip

get goosebumps라고 하면 '닭살이 돋다'라는 덩어리 표현이 되죠.

#chills(소름) #impressive(인상적인) #shocked(충격을 받은)

wound
상처

**Don't cry, my friend.
Time heals all wounds.**

울지 마, 친구. 시간이 모든 상처를 치유해 줄 테니.

마유
says

상처와 흉터는 한국어로 다르죠? 영어도 마찬가지입니다. wound(상처)는 아직 아물지 않은 상태이지만, scar(흉터)는 이미 아문 상태를 말하죠.

마유's
tip

wound보다 더 포괄적인 손상을 의미하는 injury(부상)도 함께 알아 두면 좋아요.

#blood(피) #damage(손상) #hurt(아프다)

chilly
쌀쌀한

It's chilly outside.
Don't wear shorts.

밖은 쌀쌀해. 반바지 입지 마.

 마유 says

chill은 '냉기, 한기'를 의미하는데 그것에 -y를 더해 형용사로 만든 단어입니다.
freezing이나 cold보다는 덜 추운 상태를 나타내죠.

 마유's tip

'(매운) 고추'를 나타내는 chili(=chilli)와 혼동하지 마세요.

#warm(따뜻한)   #chills(소름)   #cold(감기)

thankful

감사한

I am so thankful
that my dogs are not hurt.

우리 강아지들이 다치지 않아 너무 다행이에요.

마유 says

thankful은 받은 것에 대한 감사함을 표현하는 형용사인데, 나쁜 일이 벌어지지 않아 다행이라는 뉘앙스로도 아주 많이 씁니다.

마유's tip

비슷한 말로는 grateful이 있는데, 이건 다행이라고 할 때보다는 받은 것에 대한 감사함을 표현할 때만 씁니다.

#appreciate(감사하다) #express(표현하다) #relief(안도)

회 독 체 크

1회 2회 3회

parka
파카

My girlfriend got me this parka.

내 여자친구가 이 파카 사 줬어.

 마유 says · 파카가 콩글리시라고 생각하시는 분들이 많은데 영어 단어 맞습니다. 하지만 보통 이렇게 솜이나 털을 넣어 만든 재킷은 down jacket이라고 자주 불러요.

 마유's tip · 그나저나 패딩(padding)은 '충전재'를 의미하므로 사실은 padded jacket이라고 하는 게 맞습니다.

#thick(두꺼운) #heat(열기) #freezing(엄청 추운)

fluent
유창한

I am fluent in both Korean and English.

전 한국어와 영어 둘 다 유창합니다.

마유 says

언어에 유창하다고 할 때는 fluent 혹은 good 둘 다 사용할 수 있습니다. 하지만, 언어 외의 스킬에는 fluent를 쓰면 어색해요.

마유's tip

fluent는 어차피 언어와 함께 쓰니까 in을 꼭 추가하세요.
예 I am fluent in Korean.

#poor(잘 못하는) #language(언어) #bilingual(이중 언어 구사자)

cocoa
코코아

Would you like some hot cocoa?

따뜻한 코코아 한잔 드실래요?

 마유 says
코코아를 모르시는 분들은 없을 텐데요. 발음을 모르시는 분들은 많을 것 같군요.
a가 발음되지 않아 [코우코우]에 가깝습니다. 좀… 충격적이죠.

 마유's tip
코코아 열매 자체도 그렇고 코코아 가루도 그렇게 발음합니다.

#beverage(음료) #warmth(따스함) #delicious(맛있는)

high

높게

I can jump as high as Michael Jordan. I mean it!

나 마이클 조던만큼 높게 점프할 수 있어. 진짜야!

마유 says

왠지 '높게'라고 하면 부사니까 highly를 쓸 것 같지만 high가 맞아요. highly도 부사이긴 한데 '매우, 아주'라는 뜻으로 아예 다릅니다.

마유's tip

이렇게 형용사와 부사의 생김새가 같아서 헷갈리는 단어가 많으니 유의하세요.

#low(낮게)　#deep(깊게)　#far(멀리)

scarf
스카프, 목도리

Check out my new scarf!

새로 산 내 스카프 좀 봐봐!

마유
says

'스카프'라는 외래어를 모르시는 분들은 거의 없겠지만, 영단어 scarf는 '목도리'라는 의미도 가지고 있어요. 복수는 scarves예요.

마유's
tip

muffler를 '목도리'로 쓰기도 하지만, 그건 '자동차 소음기'라는 의미도 되기 때문에 scarf라는 단어를 선호하는 사람이 꽤 많습니다.

#neck(목)   #accessory(액세서리)   #accessorize(액세서리로 꾸미다)

hilarious
엄청 웃긴

You think you're cool?
You are hilarious!

네가 쿨하다고 생각해? 웃기고 있네!

 마유 says
hilarious는 funny(웃긴)보다 100배는 더 웃긴 정도로 강조한 형용사입니다. 사람한테 쓸 수도 있고 상황이나 농담에도 쓸 수 있어요.

 마유's tip
진짜 죽도록 웃기다? 좀 어려운 단어지만 hysterical이라는 단어도 있습니다.

#joke(농담) #wit(재치) #cold(냉담한)

earmuffs

귀마개

I can't hear you!
I'm wearing earmuffs!

네 말 안 들려! 나 귀마개하고 있다고!

마유
says

귀마개는 양쪽 귀를 다 가려 주기 때문에 복수로 쓰세요. 한 쌍이라는 걸 굳이
강조하려면 a pair of earmuffs를 쓰면 되겠습니다.

마유's
tip

이어폰도 헤드폰도 마찬가지입니다.
예 earphones, headphones

#protection(보호)   #earlobe(귓불)   #muffler(목도리)

quiz
쪽지 시험

I got another A on the quiz.
Am I smart or what?

나 쪽지 시험에서 또 A 받았어. 똑똑한 게 아니면 뭐겠어?

 마유 says 학교에서 quiz를 낸다고 하면, 정식 시험이 아닌 쪽지 시험을 말합니다. 예고 없이 낼 때도 있지만, 미리 수업 계획에 명시하는 경우도 있어요.

 마유's tip 중간고사나 기말고사 등의 정식 시험은 일반적으로 exam이라고 불러요.

#grades(성적)   #rank(순위)   #challenge(도전)

glove(s)
장갑

**My hands are freezing!
I forgot my gloves!**

손 시려! 장갑을 잊고 나왔어!

마유 says

장갑도 쌍을 이루는 여느 물건과 마찬가지로 보통 복수로 사용합니다. 설거지용 고무장갑은 rubber glove(s)라고 쓰면 되겠죠?

마유's tip

조심할 게 있는데, globe라고 스펠링과 발음을 잘못해 버리면 '지구본, 구체'라는 뜻이 된다는 것!

#socks(양말) #fist(주먹) #tight(꽉 끼는)

innocent

죄가 없는

I didn't steal anything!
I'm innocent!

Blacklist

저 아무것도 안 훔쳤어요! 죄가 없다고요!

 마유 says

저지른 죄가 없는데 누군가 나를 몰아간다면 I'm innocent!라고 말할 줄 알아야 하죠. pure(순수한)라는 어색한 단어를 쓰는 실수는 절대 없어야 합니다.

 마유's tip

반대로, 죄가 있다고 할 때는 guilty라는 단어를 쓰게 됩니다.

#law(법) #right(권리) #claim(주장하다)

shovel
삽

I need a shovel to remove the snow, not a spoon.

눈 치우려면 삽이 필요한 건데, 스푼이 아니라.

 마유 says
shovel은 명사로 '삽'도 되지만 동사로 '삽질을 하다, 삽으로 옮기다'도 됩니다.
예 Let's shovel the snow! 눈을 치우자!

 마유's tip
특히, 눈을 치우기 위해 사용하는 삽은 scoop 혹은 snow shovel이라는 단어도 자주 쓰죠.

#hammer(망치) #bucket(양동이) #dig(파다)

bathroom

화장실

Who's in the bathroom!?
It's been 30 minutes!

화장실에 누구야!? 30분이 지났는데!

 마유 says
bathroom은 욕조가 딸린 집안의 화장실도 되지만 공중화장실도 포함합니다.

 마유's tip
하지만, 일반적으로 공중화장실을 지칭할 때는 restroom만 써요. 영국에서는 toilet, loo라는 단어를 주로 쓰고, washroom을 쓰는 나라도 있습니다.

#wash(씻다) #toilet(변기) #bathtub(욕조)

회 독 체 크
1회 2회 3회

wrinkle

주름

I have too many wrinkles on my face.

얼굴에 주름이 너무 많아.

 마유 says
사실 주름을 나타내는 단어는 line, crinkle, crease 등 다양하긴 한데, wrinkle이 가장 많이 쓰입니다.

 마유's tip
특히 눈가에 생긴 잔주름을 crow's feet(까마귀의 발)이라고 하는데, 이유는 설명하지 않아도 느낌이 오죠…?

#youth(젊음)   #fine(아주 얇은)   #age(나이 들다)

회독체크
1회 2회 3회

awkward
어색한

I ran into my ex,
and it was very awkward.

ex-girlfriend

예전 애인이랑 마주쳤는데, 엄청 어색했지.

마유 says

스펠링부터가 어색하죠? 심지어 저도 가끔은 헷갈리는 스펠링입니다. 사람의 행동만이 아니라 상황 자체가 어색하다고 할 때도 쓸 수 있어요.

마유's tip

'k'를 진하게 발음하다 보니 거의 된소리가 납니다. [아꿜드]에 가깝게!

#stranger(낯선 사람) #uncomfortable(불편한) #unnatural(부자연스러운)

snowflake
눈송이

Did you know?
Each snowflake is unique!

그거 알아요? 눈송이는 생긴 게 다 다르다는 거!

마유 says flake는 얇은 조각을 의미합니다. 특히, 어디선가 떨어져 나온 조각을 말하는데요. 예를 들어, flakes of paint라고 하면 페인트칠한 부분이 얇게 떨어져 나온 것을 말하죠.

마유's tip 아침에 우유를 부어 먹는 cornflakes(이제, '콘후레이크'라고 하기 없기!)도 그런 느낌입니다.

#snowball(눈덩이)　#strip(얇은 조각)　#crystal(결정체)

fever
열

You have a high fever!
Let me get you to the hospital!

고열이 있네! 병원에 데려다줄게!

마유 says

fever는 'f'와 'v'를 연습하기에 좋은 단어죠. 두 부분 모두 입술을 붙이지 마세요. 희한하게도 cold, headache와 마찬가지로 관사를 추가합니다.
예 I have a fever.

마유's tip

고열이라고 할 때는 high를 넣어 a high fever라고 하세요.

#temperature(온도) #body(몸) #shake(떨다)

icicle
고드름

Be careful! The icicles may fall!

조심해! 고드름이 떨어질 수도 있다고!

마유 says -cicle, -sicle로 끝나는 단어는 얼어 있는 상태의 무언가를 나타내죠. 스펠링에서 뻔히 보이듯 ice(얼음)라는 단어가 변형된 케이스입니다.

마유's tip 고드름이 '걸려 있다'고 할 땐 hang이라는 단어를 써서 Icicles are hanging from the roof.라고 하세요.

#ice cube(각빙) #dangerous(위험한) #frozen(얼어붙은)

postpone

연기하다

We had to postpone the game because of the rain.

비 때문에 시합을 연기해야 했어요.

마유 says

postpone은 정해진 스케줄을 의도적으로, 인위적으로 연기하는 것을 말해요.

마유's tip

비슷한 단어로 delay가 있는데, 이건 의도적이지 않은 연기입니다.
예 폭우가 이륙을 delay함

#change(변동) #schedule(일정) #unexpected(기대치 못한)

mitten(s)
손모아장갑

Check out my mittens.
Aren't these cute?

내 손모아장갑 좀 봐. 귀엽지 않아?

 마유 says

gloves 중 한 종류가 mitten인데 이것도 보통은 한 쌍을 말하기 때문에 mittens 처럼 복수로 쓰세요. 발음할 땐 'mit'에 강세를 엄청 줘서 [밋은]에 가깝게 해 보세요.

 마유's tip

장갑도 의류이기 때문에 I'm wearing mittens.라고 말할 수 있겠죠!

#thumb(엄지손가락) #uncomfortable(불편한) #neck warmer(넥 워머)

gift
선물

My brother gave me his socks as a Christmas gift...

우리 형이 크리스마스 선물로 자기가 신던 양말을 줬네…

마유
says

gift와 present는 둘 다 선물이라는 뜻이에요. gift는 단독으로 쓰기도 하고 다른 명사와 함께 쓰기도 하죠.
예 gift shop (○)

마유's
tip

하지만 present는 다른 명사와 함께 쓰면 어색하다는 것!
예 present shop (×)

#surprise (놀라게 하다) #wrap (포장하다) #pleasant (기쁜)

snowball
눈덩이

Who just threw the snowball at me?

누가 방금 나한테 눈덩이 던졌니?

마유 says

사이즈는 크게 중요하지 않지만, 일반적으로는 눈싸움을 할 때 쓰는 정도의 크기를 가리킵니다. throw(던지다)를 알아 두면 환상이겠죠?

예 throw a snowball 눈덩이를 던지다

마유's tip

roll(굴리다)은 어떻고요?

예 roll a snowball 눈덩이를 굴리다

#snowball fight(눈싸움) #snowman(눈사람) #round(둥근)

wrapping paper

포장지

I used my own photos as wrapping paper. Isn't it cool?

내 사진을 포장지로 사용했어. 멋지지 않아?

마유 says

wrap(포장하다)이라는 동사에서 만들어진 단어예요. paper는 셀 수 없는 명사인 거 아시죠? a wrapping paper(×) → some wrapping paper(○)

마유's tip

wrap의 'w'가 묵음이니 발음하지 마세요.

#present(선물)　　#cover(감싸다)　　#gift bag(선물 가방)

accident
사고

I just got in an accident...

나 방금 사고 났어…

 마유 says

accident를 incident와 헷갈리시는 분들이 엄청 많은데 incident는 '사고'가 아닌 '사건'이에요. accident 앞에 굳이 car를 넣지 않아도 문맥상으로 충분히 '차 사고'라는 뜻이 될 수도 있습니다.

 마유's tip

get in an accident(사고를 겪다)도 함께 알아 두는 센스!

#danger(위험) #slippery(미끄러운) #insurance(보험)

ornament
장식물

I love decorating a Christmas tree with ornaments.

나 장식물로 크리스마스트리 꾸미는 거 엄청 좋아해.

마유 says
어려운 단어가 아니라 크리스마스 시즌에 무조건 알아야 하는 단어입니다. 고정된 물체(특히 나무나 조각상)에 다는 작은 장식물을 말하는 거예요.

마유's tip
decoration도 장식물이란 뜻인데, 고정된 물체뿐 아니라 벽이나 공간을 꾸미는 물건을 말해요.

#fancy(화려한)   #light(조명 기기)   #hang(걸다)

long johns

내복

What's wrong with wearing long johns, huh?

내복 입는 게 뭐 어때서, 어?

 마유 says
John이라는 이름을 가진 권투 선수가 입었다는 것에서 유래되었다고 하는 단어입니다. 얘도 바지류에 속하니까 pants, jeans, leggings처럼 복수로 써 줘야겠죠?

 마유's tip
주로 추운 환경에서 야외 활동을 하는 사람들을 위한 방한복이었는데, 지금은 다양한 형태와 소재로 나오죠.

#underwear(속옷) #tights(타이츠) #stockings(긴 양말)

회독체크
1회 2회 3회

stomachache
복통

I have a bad stomachache.
I think it's from the spicy chicken.

배가 너무 아파. 매운 통닭 때문인가 봐.

마유 says

ache로 끝나는 단어는 통증을 의미합니다.
예 headache, backache 등
cold, fever와 마찬가지로 관사와 함께 쓰세요.

마유's tip

비슷한 말로는 bellyache가 있습니다.

#belly(배) #pain(고통) #doctor's office(병원)

covers

이불

I'm reading a book under the covers.

이불 속에서 책 읽는 중이지.

마유 says

cover는 단수로 쓰면 단순히 '덮개'라는 뜻이 되니까 복수로 쓰세요. 그리고 보통 the와 함께 씁니다.

예 under the covers

마유's tip

영국에서는 이불을 duvet이라고 부르기도 합니다.

#mattress(매트리스)　#pillow(베개)　#bedsheet(홑이불)

reindeer

순록

I swear I saw Santa's reindeer!

맹세코 산타 할아버지의 순록을 봤다니까!

마유 says

루돌프(Rudolph)만 떠올리면 섭섭한 게, 사실 산타의 썰매를 끄는 친구들이 전부 다 reindeer이기 때문이죠. 루돌프는 그 중에 리더일 뿐이랍니다.

마유's tip

reindeer의 복수는 reindeers도 쓰지만, 그냥 똑같이 reindeer로 더 많이 써요.

#Santa Claus(산타클로스) #mysterious(신비한) #surprise(놀라운 일)

pray
기도하다

**Let's pray for the children
of the world.**

세상의 아이들을 위해 기도합시다.

마유
says

누군가를 위해 기도한다고 할 땐 뒤에 for를 추가하세요.

예 pray for me / pray for them

pray와 가장 헷갈리는 단어는 아무래도 play(놀다)와 prey(먹이)일 거예요.

마유's
tip

참고로, '기도' 혹은 '기도하는 사람'이라는 명사는 prayer입니다.

#wish(바람) #faith(믿음) #desperate(간절한)

회독체크
1회 2회 3회

manners

매너

You have good manners.
Thank you.

매너가 좋으시네요. 고마워요.

마유
says

외래어로 '매너'라고 알려져 있지만 실제로는 manners라고 써야 해요. manner 라고 쓰면, 뭔가를 처리하는 '방식'을 말하거든요.

마유's
tip

Manners maketh man.(매너가 사람을 만든다)이라는 표현은 영화에도 등장하죠?

#polite(예의 있는)   #kind(친절한)   #gentleman(신사)

bow

절하다

Everybody, bow to King Peter!

모두들, Peter 왕께 절하시오!

 마유 says

bow는 한국식으로 절한다는 말도 되지만 단순히 허리를 숙여 인사하는 것도 뜻합니다. bow를 명사로 활용한 take a bow (고개 숙여 인사하다)도 알아 두면 최고죠.

 마유's tip

vow와 헷갈리지 마세요. 이건 '맹세, 맹세하다'라는 뜻이에요.

#respect (존경) #polite (예의 있는) #courtesy (공손함)

회 독 체 크
1회 2회 3회

snowball fight
눈싸움

Are you guys ready to have a snowball fight?

너희들 눈싸움 할 준비됐나요?

 마유 says

snowball은 꽁꽁 뭉친 눈덩이를 말해요.

 마유's tip

원래 싸운다는 표현을 have a fight이라고 하기 때문에, 눈싸움을 한다는 표현은
have a snowball fight이라고 해 주면 해결됩니다.

#throw(던지다)　#hit(맞히다)　#dodge(피하다)

회 독 체 크
1회 2회 3회

determined
마음먹은

I am determined to lose weight this time!

이번엔 진짜 살 빼기로 마음먹었어!

마유 says

determined는 이 자체가 형용사로 뭔가 단단히 마음먹은 상태를 강조해요. determine(확정하다, 결정하다)이라는 동사에서 파생된 단어이지만, 제발 연관시켜 생각하지 마세요. 아예 다른 두 단어라고 생각하는 게 훨씬 덜 헷갈립니다.

#grit(투지)   #passion(열정)   #motivation(동기)

회 독 체 크

1회 2회 3회

snowman
눈사람

Hmm... Why does this snowman look awfully like me?

흠… 왜 눈사람이 나랑 심하게 닮았지?

 마유 says

우리말과 대놓고 똑같아서 황당하죠? 그런데 동사를 모르면 의미가 없습니다.
build[make] a snowman(눈사람을 만들다)이라고 쓰면 돼요.

 마유's tip

여러 개를 만든다면 당연히 snowmen처럼 복수로 쓰세요.

#build(짓다) #fun(재미) #figure(모습)

회 독 체 크

1회 2회 3회

awesome

멋진

I seriously think you are awesome.

YOU

너 진심으로 멋진 거 같아.

 마유
says

예전에는 '멋지다'는 뜻으로 cool이라는 단어가 가장 잘나갔지만, 요새는 awesome 이라는 단어가 더 잘나가죠. 비슷하게는 fabulous라는 단어도 있어요.

 마유's
tip

great, amazing만 쓰지 말고, 우리 이젠 좀 업그레이드해야죠.

#marvelous(놀라운)   #stupid(멍청한)   #lame(형편없는)

Christmas Day
크리스마스

I'm going to propose to my girlfriend on Christmas Day!

크리스마스에 여자친구한테 청혼할 거야!

마유
says

Christmas Day는 12월 25일 당일을 말하는 것입니다. 그렇기 때문에 전치사 on 과 함께 쓰는 게 맞아요.

예 on Christmas Day 크리스마스 날에

마유's
tip

Day를 빼고 'Christmas에'라고 하려면 at Christmas가 맞습니다.

#holiday(공휴일) #present(선물) #share(나누다)

excited

신나는

I'm so excited about Mayu's concert tomorrow!

내일 있을 마유의 콘서트 때문에 엄청 신나!

마유
says

excited는 신남을 느끼는 주체를 표현하는 단어입니다. 내가 신남을 느끼면 I'm excited.인 거죠.

마유's
tip

비슷해 보이지만 exciting은 신남을 느끼는 주체가 아니라 남을 신나게 하는 주체를 표현하는 단어예요. The adventure was exciting.이라고 하면, 그 모험이 남을 신나게 하는 주체인 거예요.

#thrilled (아주 흥분한) #interested (흥미를 느끼는) #bored (지루함을 느끼는)

December

12월

이 글을 읽고 계시다면, 당신은 진정한 승리자입니다.
꾸준함이 가장 무섭거든요.
31일이 되면,
여러분은 단순히 365단어만이 아니라
연관 문장까지 싹 다 마스터한 것이 됩니다.
You surely deserve my respect.

unbelievable

믿을 수 없는

She's got an unbelievable voice!

그녀는 믿을 수 없는 목소리를 가졌어!

마유
says

남을 진짜로 못 믿겠다는 뜻이 아니라 믿을 수 없을 정도로 '놀랍다'라는 의미입니다. 조금 더 수준을 업그레이드하고 싶다면, 같은 의미를 가진 incredible을 써 보세요.

마유's
tip

반대로, believable이라고 하면, '그럴 듯한'이라는 뜻이 됩니다.

#shocking(충격적인) #impressive(인상적인) #touched(감동한)

giggle

키득거리다

He sounds so serious, and I can't stop giggling!

너무 진지하게 말씀하고 계셔서 웃는 걸 멈출 수가 없어!

 마유 says 웃음에도 종류가 많지만 giggle은 조용히 키득거림(특히 아이들)을 말합니다.

 마유's tip 비슷하게는 소리를 참아가며 웃는 chuckle이 있습니다. 반대로, 크게 소리 내서 웃는 건 laugh out loud라고 하면 되죠.

#laugh(웃다) #hold(참다) #hilarious(엄청 웃긴)

slide
미끄러지다

I'm sliding down the slope!

슬로프를 따라 미끄러지는 중이야!

 마유 says
사실 이 단어의 엄밀한 뜻은 '미끄러지며 움직이다'입니다. '미끄러져 넘어지다'라는 뜻이 아닙니다. 그럴 땐 slip을 쓰는 게 맞아요.

 마유's tip
slide의 과거형은 slided가 아니라 slid임을 기억하세요.

#wet(젖은) #road(찻길) #slippery(미끄러운)

common sense
상식

It's common sense to help the elderly.

노인을 돕는 건 상식이죠.

마유 says

노약자에게 자리를 양보해야 한다는 것, 길을 건널 땐 좌우를 살펴야 한다는 것! 이런 상식을 common sense라고 합니다.

마유's tip

하지만, 지구가 둥글다는 것, 코끼리는 포유류라는 것 등의 지식적인 상식은 common knowledge입니다.

#basics(기본) #common(흔한) #knowledge(지식)

confident

자신감 있는

I'm a confident man.
Can't you see?

난 자신감 있는 남자라고. 모르겠어?

마유 says

영어를 배울 때 1순위로 알아야 하는 형용사가 바로 confident입니다. 좀 틀려도 전혀 상관없다는 태도 없이는 절대 영어로 소통할 수 없음을 보장합니다.

마유's tip

이왕이면 명사 confidence(자신감)도 알아 두면 좋겠습니다.

#courageous(용기 있는) #hard-working(열심인) #scared(겁먹은)

corny
촌스러운

His jokes are corny,
but I kind of like them.

부장님의 농담이 촌스럽기도 하면서 또 약간 마음에 들기도 해.

마유
says

corny는 말, 생각, 개념 등이 촌스럽고 진부하다는 말이에요. 사람이나 물건에는
잘 쓰지 않아요.

예 He is corny.(×) → His jokes are corny.

마유's
tip

결은 살짝 다르지만, 어떤 말이 느끼하다고 할 때는 cheesy를 쓰세요.

#boring (지루한) #obvious (뻔한) #creative (창의적인)

작심 3일이 모여 작심 3주,
작심 3주가 모여 작심 3개월을 만듭니다.
3개월만 해 보세요.
그 후에는 영어가 평생 즐길 수 있는
일상이 될 것을 보장하죠.

friendly

상냥한

I just wanted to tell you that the cashier was really friendly.

계산대 직원분이 엄청 상냥했다고 전해 드리고 싶었어요.

마유 says

friendly의 friend에서 느낄 수 있듯, 상냥하고 친근한 성격을 표현하는 형용사입니다.

마유's tip

많은 분들이 친하다는 단어로 이걸 쓰는 경우가 많은데, 그럴 때는 close(가까운, 친한)를 쓰는 게 맞아요.

#warm(따스한) #mean(못된) #rude(무례한)

sweets

단것

Dogs can't eat sweets.
They can get sick.

개들은 단 걸 먹으면 안 돼. 병이 날 수도 있어.

마유 says sweet이라고 쓰면 '맛이 단'이라는 형용사이지만 뒤에 -s를 붙이면 명사로 '단것' 을 얘기해요. (영국에서는 단수 명사로 sweet이라고만 해도 단 음식을 표현하기도 함)

마유's tip candy(캔디)와 비슷한 말로, 초콜릿을 포함한 달달한 다과는 다 sweets라고 부릅 니다.

#chocolate(초콜릿)　#sour(신)　#bitter(쓴)

silly
바보 같은, 실없는

**Don't be silly.
You're an awesome guy!**

바보 같은 말 하지 마. 너 멋진 남자야!

마유 says

silly가 바보 같다는 의미인 건 맞지만, stupid과는 많이 다릅니다. stupid는 멍청하다는 뜻이라 무조건 안 좋은 뉘앙스를 띠지만, silly는 그렇지 않아요. 오히려 귀엽다는 뉘앙스를 띨 때가 많죠.

#special(특별한)   #different(다른)   #cute(귀여운)

bouquet

(꽃의) 다발

I bought a bouquet of flowers for you.

너를 위해 꽃다발을 샀어.

마유
says

bouquet이라는 단어는 결혼식에서 신부가 던지는 꽃을 얘기하기도 하지만 단순히 꽃의 다발을 의미하기도 합니다. 그럴 때는 a bouquet of flowers(꽃 한 다발)라는 덩어리 표현으로 사용해요.

마유's
tip

신부가 던지는 부케는 bridal bouquet이라고 많이 불러요.

#wedding(결혼식) #proposal(청혼) #date(데이트)

회 독 체 크

1회 2회 3회

disappointed
실망한

I'm not mad.
I'm just disappointed in you.

화난 거 아니야. 그냥 너에게 실망한 거지.

 마유
says

disappointed는 사람이나 특정 결과에 실망한 상태를 표현합니다.

 마유's
tip

누구에게 혹은 무엇에 실망했는지 쓸 때는, 뒤에 in/with를 추가하는데요. 보통 사람에게는 in을 많이 써요. 그 사람의 안에 있는 본질에 실망했다는 뜻이거든요.

#sadness(슬픔) #depressed(우울한) #blue(우울한)

sincere

진심 어린

Please accept my sincere apology.

제 진심 어린 사과를 받아 주십시오.

편지에 마지막 인사말로 Sincerely (yours)라고 쓰는데, 이게 사실 직역을 하면 '진심 어리게' 혹은 '진심을 담아'라는 부사입니다. 그것에서 -ly만 제거한 형용사가 바로 sincere가 되는 거죠.

예 sincere words 진심 어린 말

#genuine(진짜의) #honest(솔직한) #heartfelt(진심 어린)

bitter
쓴

Why do all medicines taste bitter? Yuck!

왜 약은 맛이 다 쓴 거야? 우웩!

 마유 says

bitter는 맛이 쓰다고 할 때도 쓰지만, 기분이 뭔가 씁쓸하다고 할 때도 자주 사용해요.

 마유's tip

씁쓸하지만 기분 좋기도 하다는 뜻의 형용사 bittersweet이라는 표현도 알아 두세요.

#taste(맛)　#medicine(약)　#ironic(아이러니한)

loved one

사랑하는 사람

Have a great time with your loved ones.

사랑하는 사람들과 좋은 시간 보내세요.

 마유 says

공식적인 글에서도 영화에서도 자주 나오는 단어인 loved one은 꼭 애인이나 배우자뿐만 아니라 친구나 자녀를 뜻하기도 합니다. 여기서 one은 사람을 받는 대명사로, ones라고 하면 복수형(사람들)이에요.

 마유's tip

significant other라는 표현도 있는데, 이건 애인이나 배우자에게만 씁니다.

#caring(배려하는)   #relationship(관계)   #affection(애정)

nauseous

메스꺼운

I feel nauseous.
Please stop the cart!

울렁거려요, 카트 좀 세워 주세요!

 스펠링은 어려워도 지극히 기본적인 단어인데요. 보통 feel과 섞어서, I feel
nauseous.라고 써요. [너셔쓰]에 가깝게 발음해 보길 추천합니다.

 비슷하게는 I feel sick.이라고 써도 토할 것 같다는 느낌을 줍니다.

#carsick (차멀미하는) #motion (움직임) #upset stomach (급체)

date
사귀다

I would like to date you officially.

당신과 정식으로 사귀고 싶습니다.

 마유 says

date을 동사로 쓰면 단순히 일회성 데이트가 아닌 사귄다는 의미가 됩니다. 단순히 데이트를 한다고 할 때는 have a date이라고 써요.

 마유's tip

이미 이 단어 자체에 with라는 의미가 들어가 있어서 date with라고 쓰지 않아요.
예 date me

#boyfriend and girlfriend(남자친구 여자친구)   #destiny(운명)   #love life(연애 생활)

chubby
통통한

I've been chubby all my life.

전 평생 통통하기만 했죠.

 마유 says

chubby의 경우 귀엽다고 받아들일 수도 있고, 살쪘다고 받아들일 수도 있습니다. 하지만, 대놓고 fat(살찐)을 쓰는 것보다는 완곡한 표현이죠.

마유's tip

overweight(과체중인)이라는 단어도 있는데, 오히려 너무 격식을 차린 말이라 더 기분 나쁠 수도 있습니다.

#health(건강)   #appearance(외모)   #obese(비만인)

blind date

소개팅

I went on a blind date with my sister's friend.

나 여동생 친구랑 소개팅 했어.

마유 says

blind는 '앞을 볼 수 없는'이라는 뜻입니다. 상대방의 얼굴을 모른 채 나가는 만남인 거죠. 물론 요즘에는 소셜 미디어로 얼굴을 다 알 수는 있지만, 여전히 쓰이는 굳어진 표현입니다.

마유's tip

소개팅을 한다고 할 때는 have a blind date 혹은 go on a blind date이라고 쓰세요.

#nervous(긴장한) #excited(신난) #beginning(시작)

skinny
마른

I used to be skinny like...
10 years ago.

저도 한때는 말랐었죠. 한··· 10년 전에는.

마유 says

받아들이는 사람에 따라 다르겠지만, skinny는 일반적으로 긍정적인 단어는 아닙니다. 문자 그대로, 피부만 남아 있어 보인다는 말이죠. thin도 마찬가지고요.

마유's tip

차라리, slim(날씬한)을 쓰는 게 좋습니다.

#boney(깡마른) #body shape(몸매) #faint(실신하다)

blow
불다

Do you want to blow out the candles with me?

저와 함께 촛불을 불까요?

 마유
says

blow는 다양한 의미가 될 수 있어요. 풍선을 불거나 촛불을 분다고 할 때도 쓰지만 '(바람이) 불다', '(기회를) 날려 버리다'라고 할 때도 써요.

 마유's
tip

blow의 과거형은 blowed가 아니라 blew이니 주의하세요.

#wind(바람) #flow(흐름) #lung(폐)

sensitive

민감한

My skin is very sensitive to sunlight so...

피부가 태양빛에 엄청 민감해서요…

마유
says

sensitive는 감촉이나 맛에 대해 민감하다고 쓸 수도 있지만, 추상적인 주제에 대해 민감하다고 쓸 수도 있어요.

예 John is sensitive about his past. John은 자신의 과거에 대해 민감해.

마유's
tip

도대체 무엇에 민감한지 쓰려면 뒤에 to를 추가하세요.

#sense(감각) #feel(느끼다) #insensitive(둔감한)

sweetheart

자기야, 얘야

I got this dress for you, sweetheart.

자기 주려고 이 드레스 샀어.

 마유 says
sweetheart는 애인, 배우자, 친구, 아이 등, 누구나 서로를 애정 어리게 부르는 호칭입니다. 영어권 나라에서는 친근함을 표현하는 것을 주저하지 않는 문화이기 때문에 누군가 sweetheart라고 불러도 당황하지 마세요.

 마유's tip
아이에게는 특히 귀여운 호칭으로 pumpkin(호박)이라고도 부릅니다.

#adorable(사랑스러운) #friendly(친근한) #buddy(친구)

dress shirt

와이셔츠

I don't like wearing a dress shirt. It's not my style.

난 와이셔츠 입는 거 안 좋아해. 내 스타일이 아니거든.

마유 says

일단 와이셔츠는 콩글리시입니다. dress shirt 혹은 shirt라고 하는 게 맞아요. 게다가 여러 벌이 아닌 이상 shirts가 아니라 shirt인 건 기본이죠.

마유's tip

반소매라고 할 때는 앞에 short-sleeved만 붙여 주면 끝입니다.

#suit(정장)   #neat(깔끔한)   #button(단추)

affection
애정

Show your loved ones some love and affection.

사랑하는 사람들에게 사랑과 애정을 보여 주세요.

마유 says

love와 affection은 일반적으로 서로 바꿔 써도 큰 문제가 없습니다. 다만 love 의 경우 감정적인 교감에 집중하는 반면, affection은 단순히 뭔가를 좋아한다는 느낌입니다. 폭넓은 사람들을 향한 배려나 물건이나 동물에 대한 아낌, 이런 것에 affection을 자주 써요.

#generous(관대한)   #fond(좋아하는)   #expression(표현)

personality
성격

Your child has a great personality!

아이가 성격이 아주 좋아요!

마유 says

단어 안에 들어간 person(사람)이라는 단어만 봐도 그 사람의 성격을 나타낸다는 걸 알 수 있죠.

마유's tip

character라는 단어와 헷갈리면 안 되는 게, character는 본연의 성격이 아니라, 보여 주기 위해 설정된 성격에 더 가깝습니다.
예 영화 주연의 캐릭터

#show(보여 주다) #nature(본질) #real(진짜인)

holiday
휴일

What did you do over the holidays?

휴일에 뭐 했어요?

마유
says

holiday처럼 'o'에 강세가 오는 단어는 [오]보다는 [아]처럼 입 모양을 벌리는 걸 추천합니다. 국가 공휴일은 national holiday라고 해요.

마유's
tip

원래 휴일은 아니라도 개인적으로 휴가 등을 낸 것은 day-off라고 부릅니다.

#celebrate(기념하다) #meaningful(의미 깊은) #vacation(휴가)

회 독 체 크

1회 2회 3회

light
조명 기기

Turn on the lights!
I can't see anything!

조명을 켜! 아무것도 안 보여!

 마유 says

light은 조명 기기 하나하나를 말할 때 셀 수 있는 명사로 취급해요. 불을 켜거나 끄라고 할 때는 '조명 기기'를 켜거나 끄라는 말이니까, 복수형 lights로 쓰는 게 맞죠.

 마유's tip

lighting(조명)과 많이들 헷갈리는데, 이건 '조명'이라는 개념일 뿐이고 셀 수 없는 명사예요.

#shadow(그림자)　#dark(어두운)　#bright(환한, 쨍한)

adorable

사랑스러운

I have two adorable dogs: Waru and Gangshim.

저에겐 사랑스러운 강아지 둘이 있어요. 와루와 강심이라고 하죠.

마유 says

사랑스럽다고 하면 보통 lovely만 떠올리는데 adorable도 그런 의미를 가지고 있어요. 다만, adorable은 귀엽다는 느낌이 훨씬 강해서 아기, 옷, 강아지 등에게 많이 쓰죠.

마유's tip

터프함을 좋아하는 남자친구에게는 adorable보다는 lovely를 쓰라고 추천하고 싶네요.

#adore(아끼다) #cute(귀여운) #tiny(아주 작은)

회독체크
1회 2회 3회

diaper
기저귀

Hurry up and change my diaper, will you?

어서 제 기저귀 좀 갈아 주실래요?

마유 says
diaper를 미국식으로 발음할 때는 'a'를 발음하지 말고 빠르게 하세요. [다이펄] 처럼요.

마유's tip
영국에서는 nappy라고 부르기도 합니다. 일회용 기저귀라는 걸 강조할 때는 disposable diaper라고 하면 됩니다.

#infant(신생아) #pee(쉬하다) #poop(똥싸다)

회 독 체 크
1회 2회 3회

loving
애정 어린

I'm happy I have such a loving mom like you.

엄마 같은 애정 어린 분이 저의 엄마라서 행복해요.

마유 says

loving을 lovely와 섞어 쓰시는 분들이 많은데, 둘은 엄연히 달라요. lovely person 은 외모나 성격 자체가 사랑스러운 사람이지만, loving person은 남에게 사랑을 나누듯 베푸는 사람을 말합니다.

#kind (친절한) #charming (매력적인) #personality (성격)

major

전공(자)

I'm a computer science major.
Can you tell?

저 컴퓨터 공학 전공자예요. 티가 좀 나나요?

마유
says

자신의 전공을 표현할 때 몇 가지 방법이 있는데, My major is ○○○.(제 전공은 ○○○예요.)도 맞는 표현이지만 가장 쉬운 건 I'm a ○○○ major.(전 ○○○ 전공자예요.)라고 쓰는 겁니다.

#minor(부전공) #college(대학) #graduate(졸업하다)

activity
활동

There are so many fun activities to do at Mayu Land.

마유랜드에는 재미있는 액티비티가 아주 많아.

마유 says active(활동적인)라는 형용사에서 만들어진 명사입니다. 흔히, '할 거리'라고 하고, 외래어인 '액티비티'라고도 쓰죠.

마유's tip 실내에서 할 거리는 indoor activities, 실외에서 할 거리는 outdoor activities 라고 불러요.

#action(행동) #fun(재미) #physical(신체적인)

attitude

태도

I hired you because you had the right attitude.

올바른 태도를 지녔기에 자네를 고용한 것일세.

마유 says

attitude를 발음할 때는 'tt' 부분을 마치 [ㄹ]처럼 부드럽게 하세요. 마치 [애러튜드]처럼.

마유's tip

attitude는 문맥에 따라 bad(나쁜)라는 단어가 없어도 '삐딱한 태도'라는 의미가 될 때도 있어요.

예 You've got some attitude! 태도가 삐딱하구나!

#mindset(사고방식) #passion(열정) #humble(겸손한)

Valentine's Day

밸런타인데이

I just stayed home on Valentine's Day...

밸런타인데이에 그냥 집에만 있었어…

마유 says

Valentine Day라고 쓰는 것은 콩글리시입니다. Valentine은 성 밸런타인의 이름입니다. 그러므로, 성 밸런타인'의' 날 → 이렇게 소유격('s)을 붙여 줘야겠죠? 남녀 구분 없이 Valentine's Day에는 서로 카드와 선물을 나누며 함께 기념해요.

마유's tip

참고로, 미국에는 White Day가 없습니다.

#romance(로맨스)   #adore(아끼다)   #lovely(사랑스러운)

nail clipper
손톱깎이

Does anyone have a nail clipper?
I need to trim my nails.

손톱깎이 있으신 분? 손톱을 좀 다듬어야 해서요.

마유
says

clip은 날카로운 날로 깎거나, 자른다는 의미입니다. 희한하게도, 손톱깎이 하나를 a nail clipper처럼 단수로도 쓰고 nail clippers처럼 복수로도 써요.

마유's
tip

nail clipper 대신 nail cutter를 써도 좋습니다.

#shorten (줄이다) #trim (다듬다) #finger (손가락)

blanket

담요

You are all wet.
Let me get you a blanket.

완전 젖었네. 담요 가져다줄게.

마유 says

blanket처럼 -ket 혹은 -get로 끝나는 단어들은 거기에 강세가 오지 않아서, [켓]이나 [겟]처럼 발음하기보다 [킷]이나 [깃]처럼 발음하는 게 좋아요.

마유's tip

blanket은 동사로 '뒤덮다'라는 뜻도 됩니다.
예 The snow blanketed the whole city.

#covers(이불)   #warmth(따스함)   #stain(얼룩)

lyrics

가사

I don't really like the beat, but I love the lyrics.

the lyrics...

비트는 별로 마음에 안 드는데, 가사는 아주 좋네요.

마유 says

기본형은 lyric이지만, 노랫말이 하나로 이뤄진 것은 없어 거의 100% lyrics(복수)로 사용합니다. 문맥이 확실한 때는 lyrics 대신 words라고 쓰기도 해요.

마유's tip

참고로, '작곡하다'는 동사로 compose이지만, '작사하다'는 write을 씁니다.

#music(음악)　　#poem(시)　　#rhyme(운)

February
16

charge
충전하다

**Oh, my God! I forgot to
charge my phone!**

오, 마이 갓! 전화기 충전하는 걸 잊었네!

마유
says

충전기를 뜻하는 charger라는 명사가 charge라는 동사에서 나왔다고 보면 되겠습니다. charge는 '충전하다'라는 뜻도 되고 '청구하다, 고소하다'라는 뜻도 되는 약간은 골치 아픈 동사죠.

마유's
tip

완충을 표현할 땐 fully charged(완전히 충전된)를 쓰세요.
예 Your phone is fully charged.

#energy(기력) #electricity(전기) #device(장치)

coward
겁쟁이

Who are you calling a coward, huh?

누구더러 겁쟁이래, 응?

마유 says

coward의 'co'는 강세가 오면서 [카월드]처럼 발음해야 합니다.

마유's tip

겁쟁이를 나타내는 재미있는 슬랭으로 chicken이 있는데 명사와 형용사로 둘 다 쓰입니다. 원어민 앞에서 닭의 소리를 내며 흉내를 내면 굉장히 기분 나빠할 수 있어요.

#hide(숨다) #weak(약한) #brave(용감한)

generous

너그러운

Thank you for your generous donation.

너그러운 기부에 감사드립니다.

마유 says

너그럽고 관대한 성격을 generous라는 형용사로 표현합니다. 성격만이 아니라 그런 행동도 표현할 수 있어요.

마유's tip

스펠링이 좀 어렵긴 하지만 generosity(너그러움)라는 명사도 알아 두면 좋겠습니다.

#donation(기부) #fundraiser(기금 모금 행사) #cheap(쓰쓰이가 짠)

회독체크
1회 2회 3회

fine dust

미세 먼지

I wear my mask at all times because of fine dust.

전 미세 먼지 때문에 항상 마스크를 쓰고 다니죠.

마유 says

여기서 fine은 I'm fine. Thank you.의 fine이 아니라, '아주 고운'이라는 의미의 형용사입니다. 예를 들어, fine line이라는 말은 '아주 미묘한 차이점'이라는 뜻이 있어요.

마유's tip

미세 먼지는 micro dust라고 부르기도 합니다.

#protect(보호하다) #lung(폐) #breath(호흡)

fabulous
멋진

It was truly a fabulous show!

진정 멋진 쇼였지!

마유 says

cool, awesome과 함께 '멋진'이라는 의미로 가장 많이 쓰는 형용사입니다. 사람에게 쓸 수도 있고 어떤 이벤트에 쓸 수도 있죠.

마유's tip

전에도 잠깐 언급했던 marvelous까지 알아 두면 진정 fabulous한 사람이 되는 겁니다.

#super(대단한)　#touching(감동적인)　#horrible(형편없는)

complaint

불평

Our products have received zero complaints so far.

저희 제품은 지금껏 불만 사항을 받아 본 적이 전혀 없습니다.

마유 says
불평이나 불만을 나타내는 명사는 complaint예요.

마유's tip
우리가 흔히 "컴플레인이 들어왔어." 내지는 "컴플레인 걸어."처럼 쓰다 보니, complain으로 잘못 아는 경우가 많아요. complain은 '불평하다'라는 동사입니다.

#mutter(투덜대다) #whine(징징대다) #satisfaction(만족)

prepare

준비하다

I have to prepare for tomorrow's audition.

내일 있을 오디션 준비를 해야 해.

> 마유
> says
>
> prepare는 뭔가를 준비한다는 것인데 뒤에 for를 추가하면 좀 뜻이 달라집니다.
> I prepared the exam.이라고 하면 선생님으로서 시험 자체를 준비한 것이고,
> I prepared for the exam.이라고 하면 학생으로서 그 시험에 대해 준비한 것이죠.

#preparation(준비) #ready(준비된) #unprepared(준비되지 않은)

boss
직장 상사

I can't stand my boss.
He's so annoying.

우리 직장 상사를 못 견디겠어. 엄청 짜증 나.

마유
says

boss라고 하면 왠지 범죄 조직의 보스 같아 보이지만, 단순히 상사라는 의미이며,
회화체에서 그런 의미로 가장 많이 쓰이는 단어죠.

마유's
tip

superior라는 단어도 상사를 의미하지만, 너무 격식을 차린 단어라 사용 빈도는
적습니다.

#company(회사) #organization(조직) #report(보고하다)

nervous

긴장한

You don't need to be nervous.
You'll be just fine.

긴장할 필요 없단다. 괜찮을 거야.

 마유 says — nervous는 누군가 긴장한 상태를 표현하는 형용사입니다.

 마유's tip — 하지만, 무언가 남을 긴장하게 만드는 거라면 Something is nervous.처럼 쓸 수는 없어요. 그럴 때는, nerve-wracking(긴장하게 만드는)을 쓰세요. Something is nerve-wracking. 이렇게요.

#confident(자신감 있는) #relaxed(느긋한) #relieved(안도하는)

neighborhood
이웃

I want to move to a safe neighborhood.

안전한 이웃으로 이사하고 싶어.

마유 says

사전에 neighborhood와 neighbor 둘 다 '이웃'이라고 나와 있을 수 있어요. neighbor는 이웃 주민 한 명 한 명을 부르는 말이고, neighborhood는 이웃 주민 모두가 모여 형성하는 커뮤니티를 뜻해요. 이웃 동네라고 봐야겠죠?

#nextdoor(옆집의) #community(지역 사회) #upstairs(위층에)

curious
궁금해하는

What do you think about me?
I'm just curious.

저에 대해 어떻게 생각하세요? 그냥 궁금해서요.

마유
says

'호기심 많은'이라는 뜻과 함께 '궁금한'이라는 뜻으로도 많이 써요. I'm just curious. 라는 말은 "전 그냥 호기심이 많아요."라기보다는 "그냥 궁금해서요."라고 이해하는 게 자연스러워요.

#curiosity(호기심)   #wonder(궁금해하다)   #interested(흥미를 느끼는)

회 독 체 크

1회 2회 3회

doubt

의심하다

Are you doubting my rap skills right now?

Hmm..

지금 제 랩 실력을 의심하는 건가요?

 마유 says

doubt의 'b'는 묵음이니 소리 내지 마세요. [다웃]처럼 발음하세요. 비슷한 뜻의 단어로 question이 있는데, 이걸 동사로 쓰면 doubt처럼 의심한다는 의미가 됩니다.

 마유's tip

암기 추천 문장은요, There's no doubt about that. 그건 의심의 여지가 없어.

#trust (신뢰하다)　#obvious (확연한)　#shady (미심쩍은)

prefer
선호하다

I prefer sports cars to SUVs.

난 SUV보단 스포츠카를 선호하지.

마유 says

prefer는 평소에 선호하는 성향을 표현할 때 유용해요. 순간적으로 무언가가 더 마음에 든다고 할 때는 like something better가 더 잘 어울립니다.

마유's tip

prefer A to B(B보다 A를 선호하다)라는 덩어리 표현도 알아 두는 센스!

#taste(취향) #preference(선호) #lean(기울다)

raw

날것인

How can you not eat raw fish?

어떻게 회를 안 먹을 수 있어?

마유
says

raw는 요리하지 않은 상태를 말합니다.

예 raw fish 날생선

반대로, 요리된 것은 cooked라고 하면 되겠습니다.

마유's
tip

raw는 law(법)와 발음이 다른데, 'r' 부분에서 혀의 뿌리를 안쪽으로 당기며 발음
하세요.

#baked(구운)　#boiled(삶은)　#fried(튀긴)

hesitant

망설이는

I am hesitant to call my ex.

예전 애인한테 전화하는 게 망설여져.

(마유 says)
hesitant는 hesitate(망설이다)라는 동사에서 나온 형용사입니다.

(마유's tip)
여러분이 중급 정도에서 배울 reluctant(꺼리는)보다는 하기 싫다는 느낌이 조금 덜 들어간 단어예요. hesitant도 어려워 보이지만 대체할 단어가 거의 없어 무조건 알아 둬야만 합니다.

#unsure(확신이 없는) #worried(걱정하는) #negative(부정적인)

회 독 체 크

1회 2회 3회

sauce

소스

Never pour sauce on tangsuyuk!

탕수육에 소스 절대 붓지 마!

마유
says

sauce를 source와 헷갈리지 마세요. r 발음도 없으니 혀를 굴릴 필요도 없습니다.
'au'는 원래 [오]와 [어] 사이의 발음이라, 입을 [오]보다는 조금 더 벌려야 해요.

마유's
tip

그나저나, source는 '원천'이라는 의미의 단어예요.

#seasoning(양념)   #liquid(액체)   #dip(찍다)

February
24

indoor
실내의

There are so many indoor activities here!

여기 실내 액티비티 엄청 많네!

 마유 says
indoor는 형용사이지만 명사 앞에만 쓸 수 있어요.
예 indoor pool

 마유's tip
-s를 추가한 indoors는 '실내에, 실내로'라는 뜻의 부사이니까 조심해서 쓰세요.
참고로, '실외의'는 outdoor, '실외에'는 outdoors입니다.

#inside(내부) #into(안쪽으로) #inner(안쪽의)

stuffed

꽉 찬

I'm stuffed.
Let's order some ice cream.

엄청 배불러. 아이스크림 좀 시켜 보자.

마유 says

stuff는 동사로 뭔가를 쑤셔 넣어 꽉 채운다는 말입니다. 그래서, stuffed는 엄청 배부르다는 의미로도 많이 써요. 배가 꽉 찼으니까.

마유's tip

솜을 채워 넣은 동물 인형을 stuffed animal이라고 하고, 음식에 넣는 속을 stuffing이라고 하죠.

#full(꽉 찬)　#empty(비어 있는)　#push(밀다)

package

소포

I just received a package.
I wonder what's inside.

방금 소포를 받았는데, 뭐가 들었는지 궁금하네.

 마유 says
사실 package는 '포장물'이라는 뜻이지만, 흔히 '소포'라는 개념으로 가장 많이 쓰는 단어예요. 단순하지만 box라는 단어도 많이 쓰는 편이고요.

 마유's tip
또한 '소포'라는 뜻의 parcel이라는 단어는 회화체보다는 우체국 등에서 전문적인 용어로 많이 씁니다.

#postage(우편 요금)   #post office(우체국)   #shipping(배송)

회 독 체 크

1회 2회 3회

delete
삭제하다

I accidentally deleted all my photos... Can you restore them?

Delete!

실수로 사진을 다 지웠는데요… 복구 가능한가요?

마유 says

erase와 delete 둘 다 지운다는 의미가 있지만, delete의 경우에는 디지털 정보를 삭제한다는 의미로 거의 쓰입니다.

마유's tip

반면, erase는 글이나 그림을 지우거나 기억을 지운다는 말로 쓰여요. 섞어 쓰는 경우도 있긴 해요.

#save(저장하다) #recover(복구하다) #gone(사라진)

propose

청혼하다

My boyfriend finally proposed to me!

남자친구가 마침내 나에게 청혼했어!

마유 says

propose를 명사로 쓰는 실수가 많은데, 명사는 proposal이니 주의하세요. 또한, 뒤에 to를 추가해야 누구에게 청혼하는지를 넣을 수 있으니 그것도 조심!

마유's tip

비슷하게는 pop the question이라는 표현이 있어요. "나랑 결혼할래요?"라는 질문을 터뜨리는 거죠.

#fiancée(약혼녀) #knee(무릎) #ring(반지)

whisper

속삭이다

She whispered in my ear saying that she loves me.

그녀가 날 사랑한다며 귀에 속삭여 줬어요.

 마유 says — whisper는 자신감 없이 웅얼거리는 mumble이라는 동사와는 달리 의도적으로 비밀을 전달하기 위해 속삭이는 것을 말합니다.

 마유's tip — 누구의 귀에 속삭이는지 추가하려면 뒤에 in someone's ear를 넣으세요.

#scream (소리치다) #silent (고요한) #secret (비밀)

relationship

관계

We are having a relationship problem.

우리 관계에 문제가 좀 있어.

마유 says
-ship으로 끝나는 단어는 이렇게 '관계'를 나타내는 경우가 많습니다.
예 friendship(우정), companionship(동료애) 등

마유's tip
굳이 romantic relationship이라고 쓰지 않아도 맥락상 '연애 관계'임을 충분히 나타낼 때가 많아요.

#related(관련된) #connection(교감) #share(공유하다)

다이어트와 영어는 소름 돋을 정도로 흡사합니다.
꿈과 희망만으로 살을 뺐다는 사람은
들어 본 적 없는 거 같은데요.

marriage
결혼

I am dreaming of a happy marriage.

저는 행복한 결혼 생활을 꿈꾸고 있어요.

마유 says

marriage는 정확히 말하자면 '결혼 생활'을 의미합니다. '결혼식'을 의미하는 wedding과는 다른 개념이죠.

마유's tip

How's your marriage?(결혼 생활 어때?)와 How was your wedding?(결혼식은 어땠어?)의 차이가 느껴지나요?

#February 29: 4년마다 한 번씩 돌아오는 이날은 a leap day라고 부름
#이날 생일인 사람들은 그 전날이나 다음날 기념하면 되니까 너무 서운해하지 마시길…

pumpkin

호박

I'm the Halloween pumpkin!
It's me! Mayu!

나 핼러윈 호박이야! 나야 내 마유라고!

마유 says

Halloween의 대표적 상징으로 떠올리는 것이 pumpkin(호박)입니다. 품종은 다르지만 squash도 호박이라는 뜻입니다.(한국에서 나는 호박은 Korean squash)

마유's tip

이상하겠지만, 아이를 부르는 애칭으로 pumpkin을 씁니다. 이미지가 우리와는 정반대이죠?

#fruit(과일)   #veggie(채소)   #symbol(상징)

March

3월

학생들도 3월에는 학교로 돌아갑니다.
어른들도 3월에는 자기 계발로 돌아갈 의무가 있습니다.
영어! 아이들 혼자 하게 시키지 마시고,
배워서 '함께' 하세요.

smooth
매끄러운

You've got such smooth skin! I envy you!

피부가 엄청 매끄럽네! 부럽다!

마유 says
smooth하다는 것은 중간에 걸리는 것이 없다는 말입니다. 피부가 매끄러울 수도 있고, 진행 중인 프로젝트가 매끄럽게 진행되고 있다는 말일 수도 있어요.

마유's tip
soft는 좀 다른데, 단단하지 않고 말랑말랑하다는 것을 강조하는 단어입니다.

#rough(거친) #flat(납작한) #hard(단단한)

lukewarm

미지근한

Why is the bathwater lukewarm? I hate it!

목욕물이 왜 이리 미지근해? 너무 싫어!

 마유 says 액체나 음식의 뜨거움 정도는 hot > warm > lukewarm 순이라고 볼 수 있습니다. cool(시원한)은 알면서 그 정반대의 의미인 lukewarm을 모르면 안 되겠죠?

 마유's tip 비슷하게는 tepid가 있는데 lukewarm과는 달리 보통 열정, 관심 등이 식어 미지근한 상태를 표현할 때 많이 써요.

#temperature(온도) #chilled(식힌) #liquid(액체)

mumble
웅얼대다

Stop mumbling! I can't understand what you're saying!

그만 웅얼대세요! 뭐라고 하는지 이해를 못하겠어요!

마유 says

알아듣지 못하는 말로 중얼대거나, 답답할 정도의 아주 작은 목소리로 말한다는 뜻입니다.

마유's tip

mumble하는 것은 영어를 학습할 때 최악의 습관 중 하나인데요. 혀의 움직임과 공기의 흐름까지 방해하여 발음도 안 되고, 나아가 전달력이 0으로 떨어집니다.

#quiet(조용한)   #shy(수줍은)   #gibberish(횡설수설)

basketball
농구

I'm pretty good at basketball.

난 농구를 꽤 잘한다고.

마유 says

basketball을 관사(a/an) 없이 쓰면 농구라는 스포츠가 되지만, 관사를 넣거나 복수로 쓰면 농구공이라는 사물이 됩니다.

예 I bought a basketball.

마유's tip

참고로, 농구든 축구든 스포츠를 한다고 할 때는 play라는 동사와 함께 쓰세요.

#volleyball(배구) #soccer(축구) #dodgeball(피구)

swallow
삼키다

I accidentally swallowed a piece of gum.

실수로 껌을 삼켰어.

마유 says

이건 대체할 단어가 없는 동사이기 때문에 꼭 알아 두세요. 알약이든, 음식이든, 음료이든 상관없이 사용할 수 있습니다.

마유's tip

swallow one's pride(자존심을 죽이다)라는 표현도 알아 두세요.

#bite(베어 물다) #lick(핥다) #spit(뱉다)

branch
가지

Look at that squirrel sitting on the branch!

가지 위에 앉은 저 다람쥐 좀 봐!

마유 says

먹는 가지(eggplant)말고, 나무의 가지를 말하는 거예요.

마유's tip

참고로, branch는 한 회사의 지사를 뜻하기도 해요. 마치 나무에서 가지가 여러 개 뻗어 나가듯, 본사에서 지사가 여러 개 생긴 격이라 볼 수 있죠.

#root(뿌리) #plant(식물) #thin(얇은)

compliment
칭찬하다

Professor Jackson complimented me on my English.

Jackson 교수님이 내 영어를 칭찬해 주셨어.

마유
says

compliment는 이렇게 동사로 쓰기도 하고, '칭찬'이라는 명사로 쓰기도 합니다.

마유's
tip

praise라는 단어를 더 잘 아는 분들이 많은데, 그건 거의 '칭송'에 가까워요. 비격식으로 쓸 때는 compliment를 훨씬 많이 씁니다.

#hardwork (노고)　#congratulate (축하하다)　#encourage (독려하다)

temperature

온도, 기온

The temperature was so high that my ice cream melted.

기온이 너무 높아서 내 아이스크림이 다 녹아 버렸네.

마유 says

temperature는 줄여서 temp라고도 부릅니다. temperature 중간에 있는 'a'를 발음하지 마세요. [템퍼풔쳘](×) / [템펄춰](○)

마유's tip

실온은 영어로 room temperature라고 합니다.

#fever(열) #humidity(습도) #chilly(쌀쌀한)

thaw
해동하다

I should've thawed the salmon...

연어를 해동했어야 했는데…

마유 says

음식을 해동한다고 할 때는 melt(녹이다)를 쓰면 안 됩니다. melt는 고체가 액체로 녹는 걸 말해요.
예 얼음 → 물 / 초 → 촛농

마유's tip

차가운 몸이 녹는다고 할 때도 thaw를 쓸 수 있어요.

#cook(요리하다)　#freeze(얼리다)　#dry(건조시키다)

Daylight Saving Time

일광 절약 시간

I forgot to set my clock for Daylight Saving Time!

시계를 일광 절약 시간에 맞추는 걸 잊었네!

마유 says

흔히 '서머 타임'이라고 부르는 것인데, 줄여서 DST라고 합니다. 미국에서는 주로 이렇게 쓰지만 Summer Time이라고 쓰는 국가도 없지는 않습니다.

마유's tip

또한, Saving 뒤에 s를 추가해 Daylight Savings Time이라고 하는 경우도 흔해요.

#clock (시계)   #adjust (조절하다)   #save (절약하다)

October
25

bleed
피를 흘리다

Am I bleeding? Please say no...

저 피나요? 아니라고 해 주세요…

마유 says

주어를 사람으로 써서 그 사람이 피를 흘린다고 쓰기도 하지만, 피가 나는 부위를 주어로 써서 그 부분에 피가 난다고 쓰기도 해요.
예 Your nose is bleeding.

#blood(피) #scar(상처) #scab(딱지)

회 독 체 크
1회 2회 3회

break
부수다

Please don't break my heart.

내 마음을 아프게 하지 말아 줘.

마유 says

break는 동사로 뭔가를 부수거나 고장 낸다는 뜻입니다.
예 Don't break it!

마유's tip

신기하게도 이 단어는 부서지는 물건을 주어로 써서 '부서지다, 고장 나다'라는
의미로 쓰기도 해요.
예 This phone breaks easily. 이 전화기는 쉽게 고장 난다.

#broken (부서진) #destroy (박살 내다) #shatter (산산조각 내다)

yell
소리 지르다

I got it! Stop yelling at me!

알겠어! 소리 좀 그만 질러!

 마유 says
yell은 scream과는 달리 단순히 소리를 지른다는 의미가 아니라 대부분 남을 나무라듯이 소리를 지른다는 의미로 씁니다.

 마유's tip
이런 의미로 쓸 땐 뒤에 at을 추가하세요.

#angry (화난)   #loud (시끄러운)   #scream (소리 지르다)

vacation

휴가

I want to go on vacation to Hawaii.

하와이로 휴가 가고 싶네.

마유 says

vacation을 관사 없이 쓰면 휴가라는 개념 자체를 의미하고, 관사(a/an)를 넣거나 복수로 쓰면 한 번의 휴가 혹은 여러 번의 다른 휴가를 나타내기도 해요.

마유's tip

방학이라고 할 때도 쓰긴 하는데, 그럴 때는 vacation보다는 break를 추천해요.
예 summer break

#recess(휴식 시간) #flight(비행) #rest(휴식)

yawn

하품하다

Did you just yawn?
I'm telling you a joke!

방금 하품한 거예요? 조크를 들려 드리고 있잖아요!

 마유 says yawn을 발음할 때는 [욘]도 아니고 [연]도 아닌 중간 즈음의 느낌으로 [요~언]이 라고 연습하는 걸 추천합니다.

 마유's tip '실'이라는 뜻의 yarn과 헷갈리는 분이 많은데, 주의하세요.

#snore(코 골다) #tired(피곤한) #nightmare(악몽)

spend

쓰다

I spent $1,000 on the wheels.

$ 1,000

바퀴에 1,000달러를 썼지.

 마유 says

spend는 돈을 쓴다고 할 때도 사용하지만, 시간을 보낸다고 할 때도 사용합니다. spend의 과거형은 spended가 아니라 spent임을 명심!

 마유's tip

물건을 쓴다고 할 때는 use를 써야지, spend를 쓰면 안 돼요.

#waste(낭비하다)　#save up(모으다)　#cash(현금)

mean

못된

Why are you so mean to me?
I'm a good person.

왜 그렇게 나한테 못되게 굴어? 나 착한 사람인데.

 마유 says

mean은 '의미하다'라는 동사도 되지만, 형용사로 '못된'을 의미하기도 하죠. mean 과 bad는 달라요. 성격이 mean할 수는 있어도, 상황이 mean할 수는 없으니까요.

 마유's tip

한 단계 올라간 wicked(사악한)도 알아 두세요.

#evil(사악한)   #gangster(깡패)   #anger(분노)

travel
이동하다

I've been traveling for a week.

나 일주일 동안 돌아다니고 있어.

마유
says

대부분의 사람들은 travel을 뭔가를 즐기듯 '여행하다'라는 뜻으로만 알고 있지만, '(한 지점에서 다른 지점으로) 이동하다' 혹은 '(단순히) 움직이다'라는 의미가 더 기본입니다.

예 The train is traveling so fast. 열차가 빠르게 움직이고 있어요.

#trip (여행)   #movement (동작)   #transportation (교통수단)

greedy

욕심 많은

I'm not greedy. I just love money. That's all.

저는 욕심이 많지 않죠. 그냥 돈을 사랑할 뿐이에요. 그게 다라고요.

마유
says

greedy 안에 들어간 greed라는 단어가 명사로 '욕심'입니다.

마유's
tip

비슷한 맥락의 단어로 cheap(값이 싼)이 있는데요. 이건 흔히 '인색한, 짠돌이인' 이라는 뜻의 형용사로도 쓰여요.

예 You are so cheap!

#cash(현금) #passion(열정) #mine(내 것)

bloom

꽃이 피다

Cherry blossoms are beginning to bloom!

벚꽃이 피기 시작하네!

마유 says
실수로 open을 쓰시는 분들이 많은데, 앞으로 꽃에 관련해서는 이 단어 bloom을 쓰세요. '자라다' 혹은 '번창하다'라는 의미로도 씁니다. 마치 꽃이 피듯이 말이죠.

마유's tip
실력 면에서 평균보다 늦게 꽃을 피우는 사람을 late bloomer라고 불러요.

#blossom(꽃이 피다)　#petal(꽃잎)　#spring(봄)

October
20

selfish
이기적인

He didn't share the fish with me.
He's selfish!

나랑 생선을 나눠 먹지 않았어. 이기적이야!

마유 says

이렇게 외우면 편합니다.
self로 fish를 먹는다 → 혼자 생선을 먹는다 → 이기적인
약간 억지이긴 한데, 은근 쉽게 외워집니다.

마유's tip

반대로, 이타적인 건 selfless라고 씁니다.

#generous (관대한)　　#shallow (얄팍한)　　#worst (최악인)

fold
접다

Do you know how to fold a paper heart?

종이 하트 접는 법 알아?

마유 says

fold는 단순히 얇은 것을 '접다'라는 뜻도 되지만, 예 Fold the paper.
우리가 진짜 많이 쓰는 '(옷을) 개다'라는 의미도 됩니다. 예 Fold the clothes.

마유's tip

참고로, 접이식 의자는 folding chair라고 해요.

#spread(펼치다) #cut(자르다) #glue(풀로 붙이다)

toothpick
이쑤시개

Do you have a toothpick I can use?

제가 사용할 이쑤시개가 있나요?

마유 says

외국에도 이쑤시개라는 개념이 없는 것이 아닙니다. 다만, 복수(teeth)가 아니라 단수(tooth)로 쓰세요.

마유's tip

치실은 영어로 dental floss 혹은 그냥 floss라고 합니다.

#clean(깨끗한) #gum(잇몸) #pick(파다)

windy
바람이 많이 부는

I went surfing on a windy day.

바람 많이 부는 날 서핑을 하러 갔지.

마유 says

windy는 산들산들 기분 좋은 바람이 분다는 긍정적 느낌은 아닙니다. 이미 이 자체에 바람이 '많이' 분다는 약간의 부정적 느낌이 실려 있죠.

마유's tip

몸이 날아갈 것처럼 거칠게 분다면 gusty(바람이 거센)라는 형용사도 괜찮죠.

#breeze(산들바람) #sunny(맑은) #cloudy(흐린)

dessert
디저트, 후식

I always have room for dessert!

디저트 들어갈 여유는 항상 있지!

 마유 says

dessert는 두 번째 'e'에 강세를 줘서 [드절트]에 가깝게 발음합니다.

 마유's tip

정말 주의할 게 바로 desert인데요. 이건 스펠링도 다르고 발음도 다르고 뜻도 달라요. '사막'이라는 뜻이고 s도 하나 없고 발음도 [데절트]에 가깝습니다.

#sweets(단것)   #happiness(행복)   #joy(기쁨)

kite
연

I'm having trouble flying the kite.

연을 날리는 데 애먹는 중이야.

 마유 says
kite는 실제로 서양권에서도 생소한 단어가 아닙니다. 특히, 아이들에겐 말이죠.

 마유's tip
연을 날린다는 표현을 하고 싶다면 fly(날리다)라는 동사를 쓰세요.
예 Let's go and fly a kite. 가서 연을 날리자.

#paper airplane(종이비행기) #windy(바람이 많이 부는) #string(실)

doctor's office

병원

I'm too scared to go to the doctor's office.

병원 가기 너무 겁나요.

 마유 says
doctor's office는 줄여서 doctor's라고도 부르는데, 일반적으로 의사의 수와 진료 과목이 한정된 동네 병원 정도라고 보면 좋습니다.

 마유's tip
의사의 수와 진료 과목이 다양한 큰 종합 병원이나 대학 병원은 보통 hospital이라고 부르죠.

#nurse(간호사) #illness(병) #shot(주사)

sneaker(s)
운동화

It's time I got new sneakers!

새 운동화 살 때도 됐다고!

마유 says

shoe의 하위 개념인 sneaker도 한 켤레를 말할 때는 sneakers처럼 복수로 쓰거나 a pair of sneakers라고 쓰세요.

마유's tip

athletic shoes라고 쓰는 경우도 있지만 일상적인 표현이 아니라서, 회화체에서 인기는 좀 떨어집니다.

#high heels(하이힐) #shoelace(신발끈) #running(달리기)

sibling
형제자매

I have two siblings.
They are both girls.

형제자매가 두 명 있는데요. 둘 다 여자예요.

 마유 says brother와 sister는 성별을 드러내는 단어이지만, sibling은 그렇지 않아요. 단순히 형제자매인 관계를 나타낼 뿐이죠.

 마유's tip husband나 wife 대신 spouse(배우자)를 쓰는 느낌이랄까요?

#brotherhood(형제애) #sisterhood(자매애) #similar(비슷한)

pollen

꽃가루

There's so much pollen in the air.

공기 중에 꽃가루가 엄청 많아.

 마유 says
pollen은 셀 수 있는 명사가 아니므로 관사(a/an)를 추가하거나 복수로 쓰면 안 됩니다. pollen처럼 'o'에 강세가 오는 단어는 입 모양을 벌려 주세요. [팔른]처럼 발음하는 걸 추천합니다.

 마유's tip
seed(씨앗)를 함께 세트로 알아 두면 봄과 관련된 영상을 볼 때 잘 들릴 확률이 올라가겠죠?

#allergy(알레르기) #float(뜨다) #light(가벼운)

niece

조카

My niece is a K-pop singer! I'm so proud!

Mayu's niece

내 조카는 케이팝 가수야. 엄청 자랑스러워!

마유 says

niece는 조카 중에서도 여자 조카를 뜻합니다. 남자 조카인 nephew는 아는 사람이 많아도, niece는 모르는 사람이 진짜 많죠.

마유's tip

참고로, 삼촌이나 숙부는 uncle, 이모, 고모, 숙모는 aunt 되겠습니다.

#relative(친척) #cousin(사촌) #family(가족)

allergic

알레르기가 있는

I'm allergic to peaches.

저는 복숭아에 알레르기가 있어요.

 마유 says

allergic은 allergy(알레르기)의 형용사형인데요. [알럴쥑]처럼 발음하세요.

 마유's tip

도대체 무엇에 알레르기가 있는지 표현하고 싶다면 to만 추가하면 해결. I am allergic to cats.처럼요. 아니면, I have an allergy to cats.도 괜찮아요.

#reaction(반응) #dangerous(위험한) #sneeze(재채기하다)

mid-term

중간고사

I'm studying so hard because the mid-term is coming up!

중간고사가 다가와서 엄청 열심히 공부하는 중이야!

 마유 says mid-term은 중간고사 전체를 말할 수도 있고 개별 시험을 말할 수도 있습니다. 헷갈릴 것 같다면, 중간고사 전체는 mid-term으로, 개별 시험은 mid-term exam으로 쓰면 됩니다.

 마유's tip 기말고사는 final (exam)이라고 쓰세요.

#school(학교) #examination(시험) #score(점수)

change
바뀌다

My girlfriend has changed!

여자친구가 변했어!

마유 says

change를 무조건 '바꾸다'라고 외워서 I changed something.처럼만 쓰는 분들이 많아요. 하지만 '바뀌다'라는 뜻도 있기 때문에, Something changed.처럼 바뀌는 걸 주어로 써도 됩니다.

마유's tip

이렇게 'ge'로 끝나는 단어는 'ge'에 힘을 주지 말고 발음하세요.

#different(다른) #new(새로운) #turn(변하다)

회 독 체 크

1회 2회 3회

panic

어쩔 줄 몰라 하다

Don't panic!
Mayu Man is on the way!

당황하지 마세요! 마유맨이 가고 있다고요!

 마유 says
panic은 사실 당황하는 정도가 아니라, 충격의 상태에 빠지는 정도를 말합니다.

 마유's tip
picnic과 마찬가지로 과거 동사로 쓰면 'k'의 도움을 받아야 하는데요. paniced가
아니라 panicked라고 쓰세요.

#wrong(잘못된)   #trouble(곤경)   #sudden(갑작스러운)

회 독 체 크

1회 2회 3회

bite
물다

Don't worry. She won't bite you.

걱정 마세요. 우리 강아지는 안 물 거예요.

마유
says

bite는 '이빨로 물다'라는 뜻인데 그렇게 물린 자국, 물린 곳도 bite라고 부릅니다.
모기가 물었다고 할 때도 bite을 쓰는데, 모기도 사실은 긴 주둥이로 무는 것이라
고 합니다.

마유's
tip

참고로, bite의 과거형은 bited가 아니라 bit이라는 거!

#chew (씹다) #attack (공격하다) #mosquito (모기)

apologize

사과하다

You'd better apologize to my brother!

내 동생한테 사과하는 게 좋을 걸!

 마유 says　say sorry도 사과한다는 동사가 되기는 하는데, 여전히 apologize를 더 추천할 게요. 그리고 누구에게 사과하는지 쓰려면 뒤에 꼭 to를 추가하세요.

 마유's tip　'po'에 강세를 넣어 [어팔러좌이즈]에 가깝게 발음하세요.

#mean(못된)　#fault(잘못)　#mistake(실수)

childish
유치한

I can't stand his childish behavior!

남자친구의 유치한 행동을 못 참겠어!

마유 says

단어 뒤에 -ish가 붙으면 '대충 ~같은'이라는 의미를 부여합니다. 직역하면 '대충 아이 같은'이 되겠죠?

마유's tip

childlike(아이 같은)이라는 단어는 순수함을 나타내는 긍정적인 단어임에 반해, childish는 부정적인 뉘앙스를 띱니다.

#kid(아이) #annoying(짜증나는) #rude(무례한)

boarding pass
탑승권

Oh, my God...
Where is my boarding pass?

오, 마이 갓… 내 탑승권 어디 있지?

마유
says

boarding pass의 board는 동사로 '탑승하다'라는 뜻입니다. 엄밀히 따지면 plane ticket과는 다르죠. 우리가 구매하는 건 plane ticket이라 하고, 공항에서 plane ticket과 교환하는 것이 boarding pass가 되겠어요.

#passport(여권)　#airport(공항)　#travel(여행)

deliver

배달하다

Do you guys deliver to New York City?

뉴욕시까지 배달 오시나요?

 마유 says

사실, deliver는 물건을 배달할 때만이 아니라 표현을 전달한다고 할 때도 씁니다. ship(배송하다)은 물건을 내보내는 시점을 강조하는 단어이고, deliver는 물건을 받는 시점을 강조하는 단어입니다.

예 They delivered it today. (오늘 받았음)

#delivery(배달) 　#courier(배송업체) 　#package(소포)

translate
번역하다

Could you translate this sentence into English?

이 문장을 영어로 번역해 주실 수 있을까요?

마유 says

번역가나 통역가를 translator라고 부르는데, 바로 translate이라는 동사에서 온 것입니다.

마유's tip

덩어리 표현을 꼭 알아야 하는데, translate A into B(A를 B로 번역하다)! B에는 목표 언어를 넣으면 되겠죠?

#foreigner(외국인) #change(바꾸다) #grammar(문법)

sting
쏘다

I got stung by a bee on the face.

벌한테 쏘였는데 하필 얼굴에 쏘였네.

마유
says

곤충이나 식물 등이 침으로 쏜다는 의미입니다. 모기는 bite하지만, 벌은 sting한다고 하죠. 벌에 쏘인 곳은 bee sting이라고 불러요.

마유's
tip

sting의 과거형은 stung이니 주의하세요.

#hurt(아프다) #swollen(부은) #poison(독)

spooky

으스스한

The house is really spooky at night.

그 집은 밤에는 정말 <u>으스스해</u>.

 마유 says

scary(무서운) 같은 경우는 귀신이 무섭든 높은 곳이 무섭든 두루두루 쓸 수 있지만, spooky는 귀신이 나올 듯하게 <u>으스스한</u> 경우에만 쓰는 단어입니다.

 마유's tip

참고로, 귀신이 나오는 집은 haunted house라고 불러요.

#zombie(좀비) #fear(공포) #weird(괴상한)

depressed
우울한

Don't be so depressed.
Tomorrow is another day.

그렇게 우울하지 마. 내일은 또 다른 하루잖아.

 마유 says

정확하게 풀이하면 어떤 원인에 의해 '우울함을 느끼는'이라는 의미입니다. 비슷하게 재미있는 표현으로는 feel blue(우울함을 느끼다)가 있어요.

 마유's tip

남을 우울하게 하는 것은 depressing하다고 표현합니다.
예 The song is depressing.

#lonely(외로운) #sorrow(슬픔) #excited(흥분한)

hangover
숙취

I still have a hangover.
It's killing me...

아직도 숙취가 있어. 죽겠네…

 마유
says

희한하게도 숙취는 관사와 함께 써요. 그래서, 덩어리 동사로 알아 두는 게 더 낫죠.
have a hangover 숙취가 있다

 마유's
tip

아니면 hungover라는 형용사를 써도 좋죠.
예 I am hungover.

#morning(아침) #migraine(편두통) #nauseous(메스꺼운)

회독체크
1회 2회 3회

frustrated

낙심한

My Korean is not improving!
I'm so frustrated...

한국어가 안 늘어! 엄청 답답해…

마유
says

뭔가 기대치에 닿지 않아 강한 아쉬움을 느낄 때 쓰는 형용사입니다. 또한, 목표에 다가가기 힘들 때 느끼는 감정이기도 한데요. 어찌 보면 '마음이 답답한'에 가장 가까운 형용사라고 볼 수 있겠습니다.

#fail (실패하다) #blocked (막힌) #effort (노력)

drunk

취한

Drunk driving is a crime!
Never do it!

NO!

음주 운전은 범죄입니다! 절대 하지 마세요!

마유 says

drunk는 형용사로 취한 상태를 강조하는데요. 단독으로도 쓰고 명사 앞에서 꾸며 주기도 하죠.

예 I am drunk. (단독) / drunk person (명사 앞에서 꾸밈)

마유's tip

drunken이라는 단어도 의미는 같지만, 이 단어는 단독으로는 못 써요.

예 I am drunken. (×)

#dangerous (위험한) #safety (안전) #weekend (주말)

drizzle

보슬보슬 내리다

It's drizzling in Seattle.

시애틀엔 보슬비가 내리고 있어.

 비가 아주 가볍게 내리는 것을 표현하는 동사입니다. 이 동사는 대부분 진행형으로 사용해요. 이런 걸 명사로는 light rain이라고 부르죠.

 반대로, 강하게 올 때는 rain hard 혹은 pour라고 하고, 명사로는 heavy rain이라고 합니다.

#wet(젖은)　#dark(어두운)　#storm(폭풍)

beer

맥주

I can't drink any more beer.
I'm too full.

맥주 더 이상은 못 마셔. 너무 배불러.

 마유 says
beer는 원래는 셀 수 없는 명사이지만, 캔이나 병 같은 용기에 담겨 있으면 셀 수 도 있습니다. Can I get a beer?라고 하면 으레 캔, 병, 맥주잔 등에 담긴 하나를 주문하는 거라고 생각하죠.

 마유's tip
맥주는 지역에 따라 슬랭으로 brewski라고도 불러요.

#vodka(보드카)   #alcohol(술)   #drunk(취한)

assignment

과제

The professor gave us an impossible assignment!

교수님이 불가능한 과제를 주셨어!

마유 says 문자 그대로 집에서 하는 숙제를 homework라고 합니다. 반면, assignment를 직역하면 '할당 받은 임무'라는 뜻이기 때문에, 학교에서 하는 조별 과제가 될 수도 있고, 집에서 해 오는 숙제가 될 수도 있어요.

#mission(임무) #college(대학) #grades(학점)

costume
의상

No, this is a Dracula costume, not a waiter costume!

(Waiter!)

아뇨, 이거 드라큘라 의상이라고요. 웨이터 의상이 아니라!

마유 says

costume은 퍼포먼스 등을 위한 특정한 목적의 의상을 의미합니다. 일반적인 의상을 말할 때는 wardrobe이나 clothes를 쓰는 게 맞아요. 발음은 [카스튬]에 가까워요.

마유's tip

custom(관습)이라는 단어와 헷갈리지 마세요.

#make-up(화장)   #cape(망토)   #event(행사)

ordinary
평범한

I'm just an ordinary guy in a cool shirt.

난 그저 평범한 남자야, 셔츠가 멋질 뿐이지.

 마유 says
스펠링은 생소하겠지만 지극히 기초 단어에 속합니다. 평상시를 ordinary day 라고 불러요.

 마유's tip
뭔가 특별하다고 할 땐 앞에 extra를 붙여 extraordinary(비범한)라고 씁니다. 참고로, extra가 들어가면 'o'는 발음하지 마세요.

#normal(정상적인) #regular(일반적인) #special(특별한)

spell

마법

The witch cast a spell on me!

Prince
Mayu

마녀가 나에게 마법을 걸었어!

마유
says

아이들이 동화나 만화에서 자주 들을 만한 단어입니다. 마법을 건다고 할 때는 cast라는 동사와 섞어서 cast a spell(마법을 걸다)!

마유's
tip

그리고 마법을 푼다고 할 때는 break a spell(마법을 풀다)입니다.

#witch(마녀) #curse(저주) #Halloween(핼러윈)

posture

자세

I'm taking a Pilates class to fix my posture.

자세를 고쳐 보려고 필라테스 수업을 듣고 있어.

마유 says
몸의 자세를 말할 때는 posture라고 합니다. 종종 pose를 쓰시는 분들이 있는데, 이건 사진 촬영 등을 위해 잠깐 잡는 자세입니다.

마유's tip
마음의 자세(태도)를 말하고자 할 때는 attitude라는 단어를 쓰세요.

#Pilates(필라테스) #muscle(근육) #straight(똑바른)

ghost
귀신

What are you talking about?
I'm not scared of ghosts.

무슨 얘길 하는 거야? 난 귀신이 무섭지 않아.

마유
says

ghost의 'h'는 묵음입니다. 마치 귀신처럼 소리가 안 나죠.

마유's
tip

비슷하게는 spirit이 있는데, 원래는 '정신'이라는 뜻이지만 '귀신'으로 의역되기도
합니다. spirit은 진지하게 말할 때 많이 써서, 개인적으로는 spirit이 더 소름 돋게
느껴지네요.

#demon(악마)   #soul(영혼)   #spooky(으스스한)

huge
엄청 큰

I just saw a huge elephant!

나 방금 엄청 큰 코끼리 봤어!

마유 says

big보다 더 큰 상태를 표현할 때 쓰는 형용사입니다. huge는 'u'에 강세를 강하게 줘야 해요. [휴지]라고 발음하고 싶진 않으시겠죠?

마유's tip

반대로 small보다 더 작은 상태를 표현할 때는 tiny라는 형용사를 쓰세요.

#wide(넓은) #deep(깊은) #length(길이)

trick
속이다

No. I'm not trying to trick you.

아닙니다. 속임수를 쓰려는 게 아니에요.

(마유 says)
lie(거짓말하다)와는 달리, trick은 말로만 속이는 것이 아니라 행동을 포함합니다.
예를 들어, 동전을 사라지게 하는 마술도 trick을 거는 것이겠죠?

(마유's tip)
반대로, 속는다고 할 땐 fall을 쓰세요.

#fool(속이다)   #mistake(실수)   #liar(거짓말쟁이)

feed
먹이를 주다

Oh, no! I forgot to feed my dogs!

오, 이런! 우리 강아지들 밥 주는 거 깜빡했네!

 마유 says feed는 동물에게 먹이를 준다는 뜻도 되지만 '누군가에게(아기 등) 음식을 먹여 주다'라는 뜻도 되고, 심지어 가족을 먹여 살린다는 뜻도 됩니다.

 마유's tip feed의 과거형은 feeded가 아니라 fed니까 주의하세요.

#pet(반려동물) #walk(산책시키다) #dog food(개 사료)

touched
감동한

I was deeply touched by your story.

당신의 이야기에 깊이 감동했어요.

마유 says

touch가 '만지다, 건드리다'라는 동사이므로, 누군가 내 마음을 건드린 것이라고 익히면 편하겠죠? 비슷한 말로는 내 마음을 움직인 것이라고 해서 moved가 있어요.

마유's tip

반대로 남을 감동시킨다는 의미의 형용사는 touching 혹은 moving이라고 써야 합니다.

#thank(고마워하다) #tears(눈물) #appreciation(감사)

past
과거

I used to be a dancer in the past.

과거에 댄서로 활동하곤 했죠.

마유 says

past는 '과거'라는 명사도 되고 '~을 지나'라는 전치사도 됩니다. 간혹 원어민들 중에도 past를 passed로 잘못 쓰는 경우가 허다하니 조심하세요. past를 과거 라는 명사로 쓸 때는 the와 함께 the past로 쓰세요.

#present(현재) #future(미래) #ago(전에)

October

10월

1년 중 가장 좋은 날씨에
영어 공부 안 하는 건 말이 안 되겠죠?
따스한 아메리카노 한 잔 마시며 영어를 즐기세요.
느낌 있잖아요.

melt

녹다

When you say "I love you," my heart just melts.

자기가 "사랑한다"고 해 줄 때, 마음이 그냥 녹아 버려.

 마유 says
melt는 고체가 액체로 녹아 버릴 때 쓰는 동사입니다.
예 더워서 얼음이 물이 됨, 혹은 열을 가해서 플라스틱이 녹아 버림

 마유's tip
비슷하게는 thaw가 있는데, 얘는 얼어 있던 것이 해동된다는 느낌으로 조금 다릅니다.

#heat(데우다) #freeze(얼다) #liquid(액체)

thoughtful

배려심 있는

Oh, thank you.
That's very thoughtful of you.

오, 고마워요. 배려심 있으시네요.

마유
says

thought(생각, 배려) + full(가득 찬) = thoughtful 이렇게 완성된 형용사입니다.
배려심이 없다고 할 때는 thoughtless를 쓰세요.

마유's
tip

비슷하지만 조금 더 어려운 단어로는 considerate이 있어요.

#kind(친절한) #manners(매너) #attitude(태도)

April

4월

노파심에 확인합니다.
단어만 써 내려가며 암기하고 있는 건 아니죠?
단어 하나를 암기할 때도
무조건 여러 예문을 만들어 익히세요.
단어만으로는 소통할 수 없습니다.

application

신청서

Please fill out this application form.

APPLICATION FORM

이 신청서를 작성해 주세요.

마유 says

application은 apply(신청하다)라는 동사에서 만들어진 명사예요. 맨 앞의 'a'는 [어]보다는 [애]에 가깝게 발음하세요.

마유's tip

신청서를 포함한 다양한 양식은 form이라고 부릅니다.

#document(서류) #participate(참여하다) #submit(제출하다)

April Fool's Day

만우절

Tomorrow is April Fool's Day.
Let's plan something crazy!

내일은 만우절이니까, 뭔가 끝내주는 걸 계획해 보자고!

 마유 says

fool은 바보를 뜻합니다. 만우절에 속는 사람을 부르는 말이겠죠? 또한, fool은 남을 속인다는 동사도 될 수 있어요.

예 You can't fool me again.

 마유's tip

"만우절이래요!"라고 외칠 때는 "April Fool's!"까지만 쓰세요.

#foolish (어리석은) #trick (속이다) #lie (거짓말하다)

hiccup
딸꾹질하다

Somebody, help!
I can't stop hiccupping!

누가 좀 도와줘! 딸꾹질이 멈추질 않아!

 마유 says
hiccup은 '딸꾹질하다'라는 동사도 되고 '딸꾹질'이라는 명사도 되는데, 명사로 쓸 때는 복수로 쓰세요. (딸꾹질을 한 번 하고 멈추는 건 거의 기적임)

 마유's tip
뭔가를 진행하다가 잠깐 생기는 작은 문제도 hiccup이라고 부릅니다.

#pain(고통) #breathe(숨 쉬다) #shock(충격을 주다)

eyelash(es)

속눈썹

I have long eyelashes.
Can you tell?

제가 좀 속눈썹이 길죠. 티가 나나요?

마유
says

굳이 한쪽만 말할 게 아니라면 eyelashes처럼 복수로 쓰세요. 사실 lash라고만
써도 맥락상 속눈썹임을 충분히 표현하기도 합니다. 일반 눈썹은 eyebrow라고
하는데 이것도 복수로 쓰는 게 일반적이에요.

#beauty(미) #hair(털) #extension(연장)

sneeze
재채기하다

The pollen... I can't stop sneezing!

꽃가루 때문에… 재채기가 멈추지를 않아!

마유
says
cough(기침하다)를 아는 사람은 많지만, 희한하게 sneeze는 잘 모르는 분들이
많아요. 재채기 소리는 achoo [아추] 정도로 표기합니다.

마유's
tip
재채기를 하면 상대방이 "Bless you!"라고 말할 텐데, 그때 "Thank you."라고
답하는 센스!

#itchy(가려운)   #loud(소리가 큰)   #bless(축복하다)

prank

장난

Don't be mad!
It was just a prank!

화내지 마! 그냥 장난이었어!

 마유 says

prank는 '남을 속이는(하지만 나쁜 의도는 아닌) 장난'을 말해요. 만우절 때 하는 장난 같은 거죠. 그리고 그런 장난을 쳐서 속이는 것도 동사로 prank라고 합니다.

예 I was pranked.

 마유's tip

오히려 lie는 나쁜 의도를 가지고 하는 '거짓말'이기 때문에 부정적인 단어라 볼 수 있죠.

#joke(농담) #laugh(웃음) #funny(웃긴)

fart
방귀를 끼다

**I confess.
I just farted in the elevator.**

고백합니다. 방금 엘리베이터에서 방귀 꼈어요.

마유 says 물론 pass gas라는 격식 표현이 있지만, 일반적인 회화체에서는 fart를 가장 많이 씁니다. 오히려, 친한 친구들끼리 pass gas를 쓰면 더 어색할 듯합니다.

마유's tip 다른 재미있는 표현으로는, break wind, cut the cheese 등이 있어요.

#burp(트림을 하다)   #full(배부른)   #secret(비밀)

bunny

토끼

Why am I dressed up as a bunny?

제가 왜 토끼 복장을 하고 있는 거죠?

마유 says 원래 토끼는 rabbit이라고 부르는데 bunny는 그걸 더 귀엽게 부르는 애칭에 가까워요. 보통 작고 어린 토끼를 그렇게 부르죠.

마유's tip 이건 마치 어린 개(강아지)를 puppy라고 부르는 것과 비슷합니다.

#cuteness(귀여움) #carrot(당근) #hop(깡충깡충 뛰다)

vomit
토하다

**I feel like vomiting.
I think it's the seafood I had.**

토할 거 같아. 해산물 먹은 게 잘못됐나 봐.

 종종 '오바이트'라는 잘못된 표현을 쓰시는 분들이 있는데, 그건 '과식하다(over-eat)'라는 뜻이에요. "나 속이 안 좋아서 과식했어." 진짜 좀 이상하지 않아요?

 vomit보다 일상적이고 회화체에서 많이 쓰는 비슷한 표현으로는 throw up이 있어요.

#stomach(위) #sick(아픈) #well(건강이 좋은)

moist
촉촉한

Are you jealous of my moist skin?

제 촉촉한 피부가 질투 나나요?

마유 says
피부에 관심 있으신 분들은 moisturizer라는 말은 많이 들어 봤을 거예요. 촉촉한 피부를 위한 화장품 말이죠. 그게 바로 moist라는 형용사에서 나온 것이랍니다.

마유's tip
moist는 wet(젖은)보다 더 가볍고 긍정적인 느낌! 피부가 젖었다고 하면 그건 수분이 있다는 느낌보다는, 왠지 물에 들어갔다 나온 느낌이잖아요.

#youth(젊음)　#skin(피부)　#treatment(관리)

surprised
놀란

I got another A.
Well, I'm not so surprised.

Hmm...

또 A를 받았네. 별로 놀랍지도 않아.

마유 says

surprised는 기쁨의 놀람(예 서프라이즈 파티)이 될 수도 있고, 충격의 놀람(예 친구의 해고 소식)이 될 수도 있습니다.

마유's tip

'sur' 부분에서 'r'을 발음하지 않는 경우가 대부분입니다.

#shocked(충격 받은) #suddenly(갑자기) #news(소식)

soaking wet

흠뻑 젖은

Oh, my goodness.
My socks are soaking wet!

오, 맙소사. 양말이 흠뻑 젖었네!

마유
says

soaking wet은 그냥 wet보다 훨씬 더 심하게 젖었음을 표현하는 형용사인데요.
soak이라는 단어가 원래 뭔가를 물에 '푹 담그다'라는 의미를 가진 단어이기 때문
입니다.

마유's
tip

젖은 정도로 나열하면 soaking wet > wet > moist 정도가 되겠죠?

#flood(홍수)   #damp(꿉꿉한)   #dry(마른)

grown-up

어른

I want to be a grown-up like you, Dad!

아빠처럼 어른이 되고 싶어요!

마유 says

grown-up은 명사 '어른'도 되고, 형용사 '어른의, 어른인'도 됩니다. grown-up은 주로 아이들이 쓰거나 아이들에게 쓰는 단어입니다.

마유's tip

비슷한 말로는 adult(성인)라는 단어가 있어요.

#kid(아이) #grow(자라다) #mature(성숙한)

umbrella

우산

Do you want to share my umbrella?

내 우산 같이 쓸래?

마유 says
umbrella는 스펠링도 헷갈리지만, 그것보다 함께 쓰는 동사를 많이들 모르시죠? '우산을 펴다'는 open the umbrella, '우산을 접다'는 close the umbrella가 되겠습니다. '우산을 들다'는 hold the umbrella로 쓰면 깔끔하죠.

#raincoat(우비) #rainy(비가 오는) #stick(막대기)

vet
수의사

As a child, I dreamed of becoming a vet.

어렸을 때부터 수의사가 되는 걸 꿈꿨죠.

마유
says

원래 수의사라는 정식 단어는 veterinarian입니다. 다시 한번, 스펠링이 어마무시하죠? 원어민들은 스펠링에 약하다고 했죠? 그래서 등장한 것이 vet 되겠습니다. 얼마나 쉬워요?

마유's
tip

참고로, vet은 '참전용사'라는 의미를 가지기도 해요.

#animal(동물)   #shelter(보호소)   #care(돌봄)

waterproof
방수인

I thought this mascara was waterproof...

이 마스카라 방수인 줄 알았더니…

마유
says

이렇게 명사 뒤에 -proof를 추가하면, 그 명사를 '막아 준다'는 뜻입니다. 불을 막아 주면 fireproof가 되겠죠? 그럼 '방탄'은 뭐라고 하겠어요? 그렇죠. 총알을 막아 주니까 bulletproof가 되겠죠.

#protection(보호) #safe(안전한) #keep(유지하다)

vehicle

차량

Move your vehicle, now.

차량을 당장 옮겨 주세요.

마유
says

vehicle은 대부분 모터의 힘을 받는 모든 이동 수단을 의미하는 단어입니다. 자동차 외에 오토바이, 전기 킥보드 등 다양할 수 있어요.

마유's
tip

도로 표지판 등 다양한 곳에서 볼 수 있기 때문에 무조건 알아 둬야 하는 단어입니다.

#motorcycle(오토바이) #movement(움직임) #machine(기계)

mud
진흙

I can't move!
My foot got stuck in the mud!

움직일 수가 없어! 발이 진흙에 빠졌다고!

 마유 says   mud는 일반적인 흙을 나타내는 soil, dirt와는 달리 젖어서 질퍽거리는 흙을 말합니다.

 마유's tip   특히, 뭔가 만들기 위해 제조된 찰흙은 clay라고 하죠. 추가적으로, 진흙이 생기는 물웅덩이는 puddle이라고 합니다.

#earth(땅)   #dirty(더러운)   #stuck(꼼짝 못하는)

beverage
음료

Would you like any beverages with your food?

식사와 함께하실 음료 원하시는 거 있나요?

 마유 says
일상 대화에서는 흔히 drink라는 단어를 더 많이 쓰고, beverage는 조금 더 격식의 느낌이 있어요. 식당에 따라 drink를 쓰기도 하고 beverage를 쓰기도 합니다.

 마유's tip
drink와는 달리, beverage는 보통 알코올이 들어간 술은 포함하지 않아요.

#liquid(액체)   #alcohol(술)   #refreshment(다과)

woods
숲

Is that a tiger hiding in the woods...?

숲에 숨어 있는 저게… 혹시 호랑이인가?

 마유 says

나무가 wood죠? 그게 여러 개 모여 woods(숲)를 이루는 겁니다. 당연히 복수로 써야겠죠?

 마유's tip

비슷하게는 forest라는 단어가 있는데 woods보다 훨씬 큰 울창한 숲을 말합니다. 나무가 좀 많은 공원을 forest라고 하기에는 무리가 좀 있죠.

#nature(자연) #leaf(잎) #plant(식물)

fridge
냉장고

I forgot to put the watermelon in the fridge...

수박을 냉장고에 넣는 걸 잊었네…

 마유 says 원래 냉장고를 의미하는 정식 단어는 refrigerator입니다. 하지만, 스펠링이 어마무시하죠? 원어민들은 스펠링에 약합니다. 그래서 등장한 것이 fridge 되겠습니다.

 마유's tip 다만, d가 중간에 들어가는 걸 잊지 마세요.

#cool (시원한)   #freeze (얼리다)   #watermelon (수박)

cherry blossom
벚꽃

We kissed
under the cherry blossom tree.

우린 벚꽃나무 밑에서 키스를 했지.

마유
says

blossom은 '꽃'이라는 의미도 있고 '꽃이 피다'라는 의미도 있습니다. 벚꽃이 핀다고 할 때는 bloom(피다)이라는 동사를 쓰고, 진다고 할 때는 fall(떨어지다)을 쓰면 좋죠.

마유's
tip

대부분의 꽃과 마찬가지로 cherry blossom도 복수로 사용하는 경우가 대부분입니다.

#gorgeous(아름다운) #short(짧은) #petal(꽃잎)

feelings
감정

I think I have feelings for you.

나 너한테 마음 있는 거 같아.

마유
says
인간은 동시에 하나 이상의 감정을 느낍니다. 복수로 쓰세요. 예를 들어, 누군가를 좋아하는 감정이 있다면 거기에도 설렘, 끌림, 실망, 기쁨 등 다양하잖아요?

마유's
tip
그래서 have feelings for(-에게 마음이 있다)라는 표현에도 feelings처럼 복수로 쓰는 거죠.

#emotion(감정) #heart(마음) #mixed(섞인)

poem
시

I wrote a poem for you, so listen.

너를 위한 시를 썼으니, 들어 봐.

마유 says
사전에서 '시'를 찾아보면 poem과 poetry, 이렇게 두 개가 나오는데 엄연히 달라요. a poem은 셀 수 있는 하나의 시를 의미하죠. 제가 시를 두 개 지었으면 two poems가 되겠죠. 하지만, poetry는 단순히 시라는 개념이에요. 그냥 시를 좋아한다고 할 때는 I love poetry.가 됩니다.

마유's tip
참고로, 시인은 poet이라고 해요.

#poet(시인) #literature(문학) #deep(깊은)

plastic bag

비닐봉지

I'd like a paper bag instead of a plastic bag, please.

비닐봉지 대신 종이봉지 주세요.

plastic bag   paper bag

마유 says

비닐이 외래어다 보니 vinyl bag이라고 하는 분들이 있는데, 바로 콩글리시가 되어 버립니다. 실제로, 비닐봉지의 재질이 굉장히 신축성 있는 '플라스틱'이라서 그렇게 불러요.

마유's tip

종이봉지는 paper bag 혹은 brown bag이라고 부릅니다.

#container(용기) #supermarket(슈퍼마켓) #carry(가지고 다니다)

tax
세금

I'm depressed because the tax season is coming up.

세금 보고 시즌이 다가와서 우울해.

마유 says

tax를 개념으로 볼 때는 그냥 tax라고 쓰지만, 워낙 세금 종류가 많으니 복수로 쓸 때도 많아요. income tax(소득세), sales tax(판매세)처럼 목적에 따라 다양하게 나누기도 하지만, federal tax(연방세), state tax(주정부세)처럼 관리 지역에 따라 나누기도 하죠.

#report(보고) #return(환급) #accountant(회계사)

waist

허리

I wish I had a slim waist like you...

너처럼 나도 허리가 날씬하면 좋겠다…

마유
says

waist(허리)와 back(등)을 헷갈리지 마세요. 우리말로는 허리가 아프다고 하지만, 영어에서는 등이 아프다고 합니다.
예 My back hurts. 등이 아파.

마유's
tip

또 하나! waist는 waste(쓰레기)와 발음은 똑같지만 스펠링이 다르다는 것!

#thin(날씬한) #toned(탄력 있는) #belly button(배꼽)

deadline
기한

You'd better meet the deadline!

기한을 맞추는 게 좋을 걸세!

마유 says

뭔가의 마감 시간을 표현하는 단어인데, dead가 들어가 뭔가 살벌하죠? 기한에 맞춘다고 할 때는 meet the deadline이라는 덩어리 표현을 쓰세요.

마유's tip

비슷하게는 due date가 있어요. deadline보다는 그나마 촉박함이 덜 느껴지는 단어입니다.

#payment(지불) #expired(만료된) #pressure(압박)

flu
독감

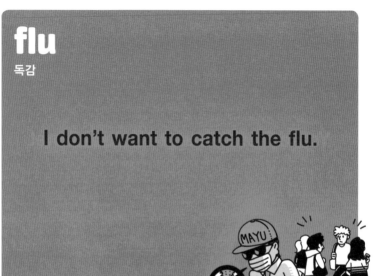

I don't want to catch the flu.

난 독감 걸리기 싫어.

마유 says

flu 뒤에 왠지 'e'를 더 넣어야 할 것 같은 유혹에 넘어가지 마세요. 감기(cold)는 부정관사 a와 함께 쓰지만 독감은 정관사 the와 함께 쓰세요.

마유's tip

아니면 차라리, 덩어리로 알아 두면 인생이 편해집니다.
예 have the flu 독감에 걸리다

#fever(열) #sneeze(재채기하다) #cough(기침하다)

environment
환경

Please help us save the environment.

환경 보호하는 걸 도와주세요.

마유
says

이건 "우리 각자의 환경이 다른 거지."할 때 쓰는 '개인적인' 환경이라는 뜻이 아니에요. 자연환경, 근무 환경, 학습 환경 같이 좀 더 큰 의미의 환경이라는 뜻입니다.

마유's
tip

각자의 환경이라고 할 때는, 차라리 situation(상황)을 쓰세요.

#save(구하다) #global warming(지구 온난화) #heal(치유하다)

cook
요리사

I wish I were a good cook...

나도 요리를 잘하면 좋을 텐데…

마유 says
cook은 요리한다는 동사도 되지만 그 자체가 요리하는 사람을 의미하기도 합니다. 전문 요리사가 아니어도 You are a good cook.이라고 하면, 요리를 잘한다는 칭찬의 의미예요.

마유's tip
실수로 cooker라고 쓰면 주방 전자기기를 말하기 때문에 순식간에 누군가의 밥통이 될 수 있어요.

#recipe(조리법)　#apron(앞치마)　#chef(주방장)

recycle

재활용하다

We make these beautiful bracelets by recycling plastic bottles.

저희는 플라스틱병을 재활용해서 이 아름다운 팔찌를 만들어요.

마유 says

recycle은 어찌 보면 분리수거를 통해 재생한다는 뜻에 더 가까울 수 있어요. 특정한 공정을 거쳐 새로운 형태로 만든 후 다시 쓴다는 의미로 대부분 쓰기 때문이죠.

마유's tip

단순히 썼던 물건을 버리지 않고 재사용한다고 할 때는 reuse라는 동사를 더 추천합니다.

#wise(현명한) #separate(분리하다) #waste(쓰레기)

tease

놀리다

You're just teasing me, right?

그냥 나 놀리는 거지, 응?

마유 says

tease는 남을 익살스럽고 가볍게 놀린다는 의미로, 나쁜 의도를 가지고 있지는 않습니다. 오랜만에 화장한 나를 보고 친구가 "오! 예쁜데!"라고 할 때, 응답할 수 있는 표현이죠.

마유's tip

반면 make fun of(~를 놀리다)라는 표현은 나쁜 의도로 정말 기분 나쁘게 놀리는 것입니다.

#kid(농담하다) #bully(괴롭히다) #insult(모욕하다)

invite
초대하다

Why don't we invite your boyfriend over?

우리 네 남자친구를 집에 초대하는 건 어때?

마유
says

invite someone 대신 invite someone over라고 하면 대부분 '집으로' 초대한다는 느낌이 됩니다. 비슷하게는 have someone over도 있어요.

마유's
tip

명사로 바꾼 invitation은 '초대'도 되지만 '초대장'도 됩니다.

#event(행사)   #guest(방문객)   #wedding(결혼식)

upset

기분이 상한

What should I do?
My girlfriend is upset!

어쩌지? 여자친구 기분이 상했어!

마유 says

upset은 angry나 mad보다 화남의 강도가 약한 편입니다. (기분이 상한 정도)

마유's tip

뭔가를 먹고 체했다고 할 때 upset stomach을 가졌다고 하는데, 위가 기분이 상해서 상태가 안 좋다고 생각하면 쉽게 익혀지겠죠?

#mood (기분) #apologize (사과하다) #temper (성질)

plant

식물

We need more plants on our planet!

지구에 더 많은 식물이 필요해!

마유
says

plant는 '식물'이라는 명사도 되지만 뭔가를 '심다'라는 동사도 됩니다. 비슷한 맥락으로 '장기를 이식하다, 폭탄을 설치하다, 마이크로 칩을 심다' 등 다양하게 써요.

마유's
tip

참고로, 뭔가를 저장해 놓는 공장도 plant라고 자주 부릅니다.

#animal(동물)   #oxygen(산소)   #greens(녹지)

marinate

양념에 재우다

Would you like some Korean marinated beef?

한국식 양념 고기 좀 드서 보실래요?

마유 says

marinate은 단순히 seasoning(양념)을 뿌린다는 뜻이 아니라, 액체로 된 양념에 무언가를 재워 둔다는 말입니다. 그렇게 재워진 음식은 marinated ○○○라고 하면 됩니다.

예 marinated beef, marinated pork, etc.

#absorb(흡수하다) #marinade(양념장) #delicious(맛있는)

bride
신부

You may now kiss the bride.

이제 신부에게 입을 맞춰도 좋습니다.

 마유 says

'신랑, 신부' 할 때의 신부를 의미합니다. 천주교의 신부님은 Father 혹은 Catholic priest라고 해요. 반대로, 신랑은 bridegroom 혹은 groom이라고 해요.

 마유's tip

결혼 전에 신부와 친구들끼리 하는 파티를 bridal shower라고 하죠? bridal은 bride의 형용사입니다.

#pure(순수한)   #wifey(아내)   #spouse(배우자)

spice

양념

Let me just add this special spice to the soup.

수프에 이 스페셜 양념만 좀 추가할게요.

 마유 says
양념이나 향신료를 spice라고 합니다. spicy(매운)라는 단어도 사실은 양념 맛이 강하다는 말이죠. spice는 보통 식물의 열매, 뿌리, 씨 등에서 추출한 양념을 가리켜요.

 마유's tip
그 상위 개념이 바로 seasoning인데요. 이건 소금, 식초, 간장 같은 모든 류의 양념을 포함합니다.

#flavor(맛)   #smell(냄새)   #natural(자연의)

bridesmaid
신부 들러리

Will you be my bridesmaid?

내 신부 들러리가 되어 줄래?

마유 says

결혼식에서 신부의 들러리를 부르는 표현인데, 그 중에서도 가장 중요한 역할을 하는 친구는 maid of honor라고 불러요.

마유's tip

반대로, 신랑의 들러리는 groomsman이라고 하는데, 마찬가지로 그 중에서 가장 중요한 역할을 하는 친구는 best man이라고 불러요.

#bestie(베프) #friendship(우정) #lady(여성분)

scarecrow

허수아비

Oh, man...
The scarecrow scares me, too.

오, 이런… 나도 저 허수아비 무서워.

마유
says

허수아비의 역할은 까마귀로부터 곡식을 지키기 위함이죠? 이렇게 scare(겁주다) + crow(까마귀) = scarecrow라는 명사가 탄생했습니다.

마유's
tip

이런 꼭두각시를 포괄적으로 puppet이라고 불러요.

#rice(쌀) #farm(농장) #fake(가짜인)

dragonfly
잠자리

Check out this dragonfly I just caught!

내가 방금 잡은 이 잠자리 좀 봐!

마유 says
좀 웃기지만, dragonfly(잠자리)를 직역하면 '용파리'입니다. 파리 같이 생겼는데, 또 용처럼 길이가 좀 길죠?

마유's tip
dragon을 발음할 때는 'gon'에 힘을 빼서 [드뤠근]에 가깝게 해 보세요.

#insect(곤충) #butterfly(나비) #butterfly net(잠자리채)

September

8

quick

재빠른

I finished the jajangmyeon in just 3 seconds. That was quick, huh?

3초 만에 자장면 먹어 치웠어. 좀 재빨랐지?

 마유 says

quick과 fast는 엄밀히 따지면 조금 달라요.(물론, 원어민도 자주 섞어서 쓰기는 하지만) quick은 시간에 집중한 단어이고, fast는 속도에 집중한 단어랍니다. 3초 만에 자장면을 다 먹은 나는 quick한 것이고, 시속 100킬로로 달리는 차는 fast한 거예요.

#slow(느린)　#pace(속도)　#light(빛)

press
누르다

Don't press that button. It's going to explode!

그 버튼 누르지 마, 폭발할 거라고!

마유
says

press와 push는 무조건 똑같지는 않아요. push는 '누르다'도 되고 '밀다'도 되지만, press는 누른다는 의미로만 쓸 수 있어요.

마유's
tip

재미있는 건 '다림질하다'라는 동사로도 쓸 수 있다는 거죠.
예 I pressed my shirt.

#pull(당기다) #pick(집다) #rub(문지르다)

fire extinguisher
소화기

Thank God I learned how to use a fire extinguisher!

소화기 사용법을 배워 둬서 참 다행이네!

마유 says

불을 끈다는 의미의 동사 extinguish에서 온 단어입니다. 대체할 단어가 없기 때문에, 스펠링은 골치 아프지만 무조건 알아 두세요.

마유's tip

불을 끈다고 할 때 extinguish 대신 put out이라는 동사도 있습니다. 이건 좀 쉽죠?

#firefighter(소방관) #brave(용감한) #learn(배우다)

honeymooner
신혼 여행객

So many honeymooners are visiting Jeju.

엄청 많은 신혼 여행객들이 제주도를 방문하고 있네.

마유 says

honeymoon(신혼여행)에 -er을 추가해 신혼여행을 하는 사람이라는 새로운 명사가 된 거예요. 과거에 결혼하는 커플에게 줬던 한 달간 먹을 수 있는 벌꿀주에서 유래되었다고 해요.

마유's tip

go on a honeymoon(신혼여행을 가다)도 함께 알아 두면 꿀이죠.

#dreamy(꿈같은) #memories(추억) #beginning(시작)

citizen
시민

Is this the line for U.S. citizens?

이거 미국 시민권자 줄인가요?

마유
says

citizen은 '시민'을 의미하기도 하고, '시민권자'를 의미하기도 합니다.

마유's
tip

시민권자가 아니라 영주권자(영구적으로 살 수 있는 권리를 가진 사람)는 permanent
resident 혹은 green card holder(주로 미국에서)라고 불러요.

#right(권리) #equal(동등한) #nation(국가)

wedding

결혼식

I sang for my wife on our wedding day!

우리 결혼식 날 나는 아내를 위해 노래를 했지!

마유 says

wedding은 wed(결혼하다)라는 동사에서 만들어진 명사입니다. marriage는 '결혼' 혹은 '결혼 생활'이라는 개념을 의미하는 반면, wedding은 결혼식 자체를 의미해요. ceremony(의식, 예식)에 집중한 단어입니다.

#celebration(기념식) #announce(발표하다) #congratulate(축하하다)

emergency
긴급, 비상

This is an emergency!
I need toilet paper!

긴급 상황! 휴지가 필요해!

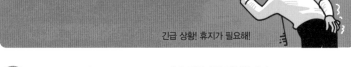

 마유 says

emergency는 emerge(생겨나다)에서 만들어진 명사입니다.

마유's tip

단순히 '긴급'이라는 개념으로 쓸 때는 관사(a/an)를 넣지 말아야 하고, 하나의 '긴급 상황'이라는 뜻으로 쓸 때는 단수, 복수로 쓸 수 있어요.

#panic(당황하다) #ambulance(구급차) #fire(화재)

newlywed
신혼부부

So, tell me.
Are you two newlyweds?

그래서, 말씀해 주세요. 두 분은 신혼부부인가요?

마유
says

wed가 '결혼하다'라는 동사라고 했죠? 그걸 newly(최근에, 새로) 했다는 말이 되겠습니다. 신혼부부 중 한쪽(신랑 혹은 신부)을 말할 때는 단수로 쓰지만, 둘 다를 하나의 커플로 말할 땐 복수로 쓰세요.

예 I'm a newlywed. VS We're newlyweds.

#fresh(신선한) #start(시작) #clumsy(서투른)

gorgeous

아름다운

**What gorgeous weather!
Right, Waru?**

엄청 아름다운 날씨다! 그렇지, 와루야?

 마유 says gorgeous는 beautiful보다 훨씬 더 아름다움을 강조합니다. 남녀 구분 없이 사용하기도 하고, 물건이나 경치에도 사용해서 거의 한계가 없어요.

 마유's tip 반대로, 흉측하다고 할 때는 hideous라는 단어가 있는데, 얘는 좀 어려우니까 나중에 익히는 걸로!

#beauty(미) #charming(매력적인) #dazzling(눈부신)

guest

방문객

If you are a guest at our hotel, breakfast is free.

저희 호텔 투숙객이시면, 아침 식사는 무료입니다.

사전에는 guest와 visitor 둘 다 투숙객이라고 되어 있고 실제로 섞어서 쓰는 경우도 있지만, guest의 경우에는 보통 초대를 받은 방문객이나 숙박업소의 방문객을 의미하고, visitor는 단순히 어떤 지역이나 장소를 방문하는 사람을 다 그렇게 부를 수 있어요.

#stay(머물다) #invitation(초대) #important(중요한)

sentimental

감상적인

I get pretty sentimental in fall.

나 꽤 가을 타.

 마유 says

sentimental 자체에 이미 '지나치게' 감상적이라는 뉘앙스가 들어가 있습니다. 흔히 가을 탄다고 할 때 get sentimental(감상적인 상태가 되다)이라는 덩어리 표현을 쓰면 돼요.

 마유's tip

sentimental을 sensitive(민감한)와 혼동하지 마세요.

#tears(눈물)   #feelings(감정)   #poem(시)

bless
축복하다

**May God bless you
and your loved ones.**

당신과 당신의 가족에게 신의 축복이 있기를 빕니다.

마유 says

신뿐 아니라 단순히 부모나 지인의 축복을 얘기할 때도 편하게 쓰는 동사예요. 재채기를 하면 상대방이 God bless you! 혹은 Bless you!라고 할 텐데요. 나쁜 기운을 신의 축복이 막아 주길 기원한다는 느낌입니다.

마유's tip

Thank you. 정도의 답변은 에티켓이죠.

#bliss (행복)   #pray (기도하다)   #wish (기원하다)

leaf
잎

The fallen leaves make me want to cry.

낙엽이 나를 울고 싶게 하네요.

 마유 says

leaf의 복수형은 leafs가 아니라 leaves입니다. 주의하세요. 떨어진 나뭇잎, 즉 낙엽은 fallen leaves(떨어진 잎사귀들)라고 쓰면 됩니다.

 마유's tip

잎이 무성하다는 뜻의 형용사 leafy도 알아 두면 좋겠네요.
예 leafy vegetables

#tree(나무) #branch(가지) #thin(얇은)

engaged
약혼한

Surprise! I'm engaged, girls!

서프라이즈! 나 약혼했어, 얘들아!

 마유 says

engaged는 사실 '결속된'이라는 뜻의 형용사인데요. 예를 들어, 두 개의 자동차 부품이 함께 맞물려 돌아가는 느낌이라고 볼 수 있습니다. 마찬가지로, 사람의 경우에 둘이 얽혔다는 말은 하나가 되었다는 뜻이겠죠?

#engagement(약혼) #promise(약속) #witness(증인)

autumn

가을

It's autumn!
Time to get some sweaters!

가을이야! 스웨터 좀 살 때가 왔네!

마유 says

autumn과 fall 둘 다 가을이라는 뜻이지만, 보통 autumn은 영국식, fall은 미국식으로 쓰입니다.

마유's tip

무엇을 쓰든, 일반적인 계절을 말할 때는 앞에 the 없이 쓰고, 말하는 사람과 듣는 사람이 둘 다 알고 있는 특정한 해의 계절을 말할 때만 the를 넣으세요.

#fall(떨어지다) #change(변화) #chilly(쌀쌀한)

회 독 체 크

1회 2회 3회

nursery
놀이방

I have to drop off my son at the nursery.

아들을 놀이방에 맡겨야 해요.

 마유 says   2개월 된 신생아부터 5세 정도의 아이까지 돌봐 주고 놀아 주는 곳이라고 볼 수 있는데, 비슷하게는 daycare center라는 곳이 있습니다.

 마유's tip   이 둘의 차이는 각 시설마다 달라서 구분하는 게 큰 의미가 없지만, daycare center가 맞벌이 부부가 사정상 맡기는 곳이라는 느낌이 더 크긴 합니다.

#playground(놀이터)   #toy(장난감)   #education(교육)

September

9월

언어 학습, 특히 영어 학습의 메리트는
셀 수 없을 정도입니다.
뇌의 신경 세포가 활성화되는 소리가 들립니다.
여러분의 호감도 올라가는 소리가 들립니다.
여러분의 가치는 남들과는 비교도 안 될 정도로
기하급수적으로 올라갈 것입니다.

twin
쌍둥이

This is my twin sister Miyu.

얘는 내 쌍둥이 여동생 '미유'야.

마유
says

무조건 twins라고 복수로 말해서는 안 됩니다. 그건 쌍둥이 둘을 모두 지칭하는 말이에요. 둘 중 한 명만 지칭할 때는 twin이라고 하는 게 맞아요.

마유's
tip

세쌍둥이는 triplet(s)라고 부릅니다.

#alike(비슷한) #same(같은) #blessing(축복)

stir

휘젓다

Did you stir it or beat it?

슬슬 휘저었나요 아니면 팍팍 거품을 낸 건가요?

stir

beat

마유
says

조리법 등에 굉장히 자주 등장하는 stir는 숟가락이나 막대 등으로 살살 휘젓는 동작입니다. 비슷한 의미지만, beat, whisk, whip은 거품이 날 정도로 강하게 젓는 행동이니 주의하세요.

마유's
tip

커피 등을 휘저을 때 쓰는 막대를 stir stick이라고 부르죠.

#chill (식히다) #mix (섞다) #beverage (음료)

May

5월

기억하세요.
5월에 아름다운 부류는 딱 둘입니다.
5월의 신부랑
'왕초보영어 일력 365'로
5월 단어 마스터한 당신!

weigh

무게가 나가다

I used to weigh 65 kg. I mean it.

한때는 65킬로그램 나가곤 했어요. 진짜로.

마유 says
몸무게를 표현할 때 원어민들은 My weight is…(제 몸무게는…) 이렇게 명사 (weight)를 사용하는 경우가 드물고, I weigh…(전 무게가 … 나가요) 이런 식으로 동사(weigh)를 사용합니다.

마유's tip
뒤에 실제 무게만 써 주면 됩니다.
예 I weigh 50 kilograms. I weigh 120 pounds.

#scale(체중계) #body(몸) #health(건강)

admire
존경하다

**Mr. Michael Jackson,
I admire you so much!**

마이클 잭슨 씨, 저는 당신을 엄청 존경해요!

마유
says
다른 사람의 가치, 실력, 그리고 그 사람이 성취한 것에 대해 크게 우러러보는 걸 말합니다.

마유's
tip
respect라는 단어도 비슷하긴 하지만, 그건 남에게 예의를 갖추고 배려하고 인정해 준다는 느낌으로 admire보다는 우러러봄이 좀 떨어져요.

#envy(부러워하다) #celebrity(유명인) #achieve(성취하다)

convenient
편리한

I love this food delivery app because it's so convenient!

이 음식 배달 앱 엄청 편리해서 너무 좋아!

마유 says : 한국어로 편리한 것과 편안한 것은 다르죠. 영어로도 convenient와 comfortable은 다른 겁니다.

마유's tip : 문제는 한국어로 편리하지 않은 것과 편안하지 않은 것을 둘 다 '불편'하다고 하는데, 영어로는 이것도 달라요.
inconvenient(편리하지 않은) VS uncomfortable(편안하지 않은)

#easy(쉬운) #automatic(자동인) #difficult(어려운)

birth
탄생

Thank you, Mom, for giving birth to me!

저를 낳아 주셔서 감사해요, 엄마!

마유 says
birth는 사실 그 단어만으로는 큰 역할을 하지 못하고, 덩어리로 아는 게 중요해요.
give birth to someone (~을 낳다) / at birth (출생 시에) / birthday (생일)

마유's tip
비격식이긴 하지만, 미국에서는 birth 자체를 동사로 '~를 낳다'라고 사용하기도 해요.

#born(태어난) #newborn(신생아) #life(생명)

rash
두드러기, 발진

I developed a rash after eating seafood.

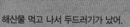

해산물 먹고 나서 두드러기가 났어.

 마유 says
두드러기는 하나만 나는 게 아님에도 관사와 함께 씁니다. 두드러기 한 그룹을 나타내는 거예요. 물론, 다양한 다른 종류의 발진이라면 복수로 쓸 수 있긴 합니다.

 마유's tip
비슷한 말로 hive라는 단어가 있는데, 이건 hives(복수)로 쓰세요.

#swell(붓다) #itchy(가려운) #skin(피부)

picnic

소풍

It's a perfect day for a picnic!
Don't you think?

소풍 가기 딱 좋은 날이에요! 그렇게 생각하지 않나요?

마유 says

picnic은 '소풍'이라는 명사도 되고 '소풍을 가다'라는 의미의 동사도 될 수 있어요. go on a picnic(소풍을 가다)이라는 덩어리 표현도 알아 두면 아름답습니다.

마유's tip

동사로 사용할 때는 주의할 게 있는데요. 과거 동사로 쓸 때는 끝에 k를 추가해서 picnicked라고 써야 한다는 것!

#sunny(쨍쨍한) #river(강) #leisure(여가)

cologne
향수

Ooh. What cologne are you wearing?

우~. 향수 뭐 쓰세요?

마유 says

향수하면 perfume이라는 단어를 먼저 떠올리게 되지만 cologne과 perfume 둘 다 향수입니다.

마유's tip

cologne인지 perfume인지는 향수 오일과 알코올의 함유량 차이일 뿐이지만, 일반적으로는 cologne은 남성용 향수, perfume은 여성용 향수로 홍보되고 있죠.

#smell (냄새가 나다) #odor (악취) #fragrance (향)

graduation

졸업

Could you take my graduation photos?

제 졸업 사진 좀 찍어 주실 수 있을까요?

마유 says

graduation은 졸업이라는 개념도 되고 졸업식이라는 행사도 될 수 있어요.

마유's tip

동사 graduate을 쓸 때는 조심해야 하는데 뒤에 꼭 from을 추가해야 해요.
예 graduate from college
회화체에서는 from을 생략하는 사람도 있지만, 여전히 틀린 거예요.

#real world(사회) #senior(상급생) #freshman(1학년)

stink
악취가 나다

I stepped into dog poop, and now my shoes stink.

개똥을 밟아서 신발에 똥냄새가 나.

 마유 says

stink의 과거형은 stinked가 아니라 stank임에 유의하세요. smell이라는 동사와는 달리 무조건 나쁜 냄새를 표현합니다.

 마유's tip

stink는 슬랭으로 '형편없다'는 의미로도 자주 사용해요.
예 This party stinks!

#odor(악취) #nasty(역겨운) #wash(세탁하다)

ceremony
기념식

Excuse me. I have an awards ceremony to attend.

실례하겠습니다. 참석해야 할 시상식이 있어서.

 마유 says

ceremony는 뭔가를 기념하거나 축하하는 의식을 뜻합니다. 보통 앞에 꾸며 주는
다른 명사가 자주 오죠.
예 awards ceremony (시상식) / wedding ceremony (결혼식) /
opening ceremony (개막식)

#memorable(기억할 만한) #fireworks(불꽃놀이) #cheer(환호하다)

washing machine

세탁기

What did you put in the washing machine?

세탁기에 뭘 넣은 거니?

마유
says

washing machine은 줄여서 washer라고도 써요. 하지만, 문맥에 따라 washer 는 dishwasher(식기세척기)도 될 수 있으니 풀어서 쓰는 걸 추천해요.

마유's
tip

참고로, wash는 단순히 깨끗하게 만드는 것이 아니라 '물을 사용해서' 씻는다는 말입니다.

#laundry(세탁물) #dry(말리다) #detergent(세제)

knowledge
지식

Reading books is a good way to expand your knowledge.

책을 읽는 건 지식을 넓히는 좋은 방법이지.

마유
says
딱 봐도 대놓고 know(알다)라는 동사가 껴들어 가 있죠? 웬만한 사람들은 알고 있는 지식, 즉 '상식'은 영어로 common knowledge라고 해요.

마유's
tip
조금 어렵긴 한데, 이걸 형용사로 만들면 knowledgeable(지식이 많은)이 됩니다.

#smart(똑똑한) #genius(천재) #info(정보)

rude
무례한

You are being rude!
Apologize to him.

무례하게! 아저씨께 사과 드려!

마유 says
rude는 예의가 없거나 남에게 큰 결례가 되는 말과 행동을 의미합니다. rude는 의도적으로 남을 기분 나쁘게 하는 것이므로 무조건 부정적이에요.

마유's tip
비슷하게는 impolite(예의 없는)이 있는데, 이 단어는 문화를 이해하지 못해 의도적이지 않은 무례함을 가리킬 수도 있어요.

#kind(친절한) #thoughtful(배려하는) #apology(사과)

pregnant

임신한

My wife is 5 months pregnant now. We're so happy!

제 아내는 이제 임신 5개월이에요. 엄청 행복해요!

마유 says

임신한 상태를 강조하는 형용사인데요. 뒤에 with를 추가하면 누구를 임신한 것인지 말할 수 있어요.

예 My sister is pregnant with twins. 내 여동생은 쌍둥이를 임신했어.

마유's tip

예정일을 물어볼 때는 When are you expecting?이라는 표현을 써 보세요.

#parenting(양육)   #raise(기르다)   #infant(신생아)

statue
조각상

Do I look like
the Statue of Liberty?

저 좀 자유의 여신상 같아 보여요?

마유
says

statue는 보통 사람, 동물, 물건 등을 조각한 비교적 사이즈가 큰 조각품을 말합니다.

마유's
tip

비슷하게는 조금 더 어려운 단어인 sculpture가 있는데요, sculpture는 사이즈가 아주 다양하고, 사람, 동물 외에도 추상적인 것을 전부 포함한 상위 개념이죠.

#object(물건) #symbol(상징) #artwork(예술품)

respect

존중

Show me some respect.
You know what I'm saying?

리스펙 좀 해 주시지. 유노왓암쌩?

 마유 says

respect는 남의 인격을 존중하고 인정해 준다는 의미로, 동사로도 쓸 수 있어요.

 마유's tip

재미있는 건 반대로, '무례, 무시'라는 의미의 disrespect라는 단어가 있는데,
얘는 명사로는 쓰지만 동사로는 쓰지 않는다는 거예요. 단, 비격식으로는 가능!

#thoughtful (배려심 있는) #equal (동등한) #accept (받아들이다)

museum
박물관

Welcome to the Louvre Museum!

루브르 박물관에 오신 걸 환영합니다!

 museum은 단순히 미술품만이 아니라 다양한 전시품을 전시해 놓는 곳입니다.

 반면, gallery(미술관)는 비교적 소규모의 미술품만을 전시하는 곳으로, museum 과는 달리 일반적으로 예술 작품을 돈 주고 거래하기도 해요.

#art(예술) #history(역사) #statue(조각상)

recognize
알아보다

I didn't recognize you!
You look different today!

Before

너 못 알아봤어! 오늘 달라 보이네!

마유 says

사전에 '인지하다'라고 나와 있어 엄청난 단어 같지만, 남의 얼굴이나 존재를 알아
본다는 정도로, 굉장히 일상적으로 씁니다. 물론 가치를 알아본다는 깊은 의미도
있지만요.

마유's tip

're'에 강세가 워낙 많이 가서 'g'는 거의 발음이 안 될 정도예요.

#vision(시력) #understand(이해하다) #facial(얼굴의)

life vest
구명조끼

Why aren't you wearing a life vest?

왜 구명조끼를 안 입고 계시죠?

 마유 says vest는 실제로 조끼를 의미하는데, vest 대신 jacket을 써도 좋습니다.

 마유's tip 이렇게 life로 시작하는 단어는 목숨을 구해 주는 물건을 말해요.
예 lifeboat 구명보트 / lifebelt 구명대, 구명 튜브

#rescue(구조하다) #float(뜨다) #air(공기)

national flag
국기

I put up our national flag to honor them.

순국선열을 기리기 위해 국기를 게양했습니다.

마유 says

단순히 flag(기, 깃발) 앞에 nation(국가)의 형용사인 national을 추가한 단어입니다.

마유's tip

참고로, 깃발을 단다고 할 때는 put up a flag 혹은 hoist a flag을 쓰고, 내린다고 할 때는 take down a flag을 쓰면 되겠습니다.

#remember(기억하다) #sacrifice(희생) #country(나라)

broke

빈털터리인

I wish I could help you, but I'm broke...

도울 수 있다면 좋겠지만, 나 거지야…

 broke는 break의 과거형이기도 하지만, 그 자체가 형용사로 돈이 한 푼도 없다는 의미가 됩니다. 슬랭 중에서도 사용 빈도가 엄청 높은데요. 격식 있는 단어로 사용 빈도는 적지만 penniless가 있어요.

 돈이 없음을 더 강조할 때는 dead broke라고 쓰기도 해요.

#rich(부유한) #poor(가난한) #bankrupt(파산한)

appreciate

감사하다

I appreciate your hard work.
Here's my little gift.

노고에 감사합니다. 이건 작은 선물이에요.

 마유 says

appreciate은 thank와 의미상 큰 차이는 없지만 훨씬 더 격식의 느낌이 있습니다.

 마유's tip

저는 개인적으로 Thank you.만 쓰지 않고, 바로 뒤에 I appreciate it.을 추가하는 걸 추천해요. 하나의 세트로 말하면, 정말 예의 있고 진중한 느낌이 들어요. 친구들끼리 또한 쓰는 표현이죠.

#sincere(진심 어린)   #thank(고마워하다)   #polite(예의 있는)

transfer

환승하다

You have to transfer to the Bundang Line here.

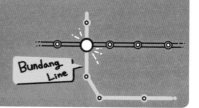

Bundang Line

여기서 분당선으로 환승하셔야 해요.

마유 says

한 곳에서 다른 곳으로 옮겨간다고 할 때 쓰는 동사입니다. 버스나 지하철처럼 교통수단 환승에도 쓸 수 있어요.

마유's tip

더불어, 학교를 편입하거나 부서를 옮기는 등 소속을 옮긴다고 할 때도 쓸 수 있어요.

#subway(지하철) #different(다른) #destination(목적지)

autograph
사인

Can I please get your autograph?

사인 좀 해 주실 수 있을까요?

마유 says

autograph는 유명인의 '사인'을 말하는 거예요.

마유's tip

우리가 신용 카드를 사용하기 위해 결제하거나 계약서에 하는 법적 효력이 있는 서명(signature)과는 아예 다르죠. 연예인에게 "Give me your signature!"라고 하면 많이 당황할 겁니다.

#famous(유명한) #celebrity(유명인) #fan(팬)

clothes
옷

I have a date tomorrow.
I definitely need new clothes.

내일 데이트가 있는데, 확실히 새 옷이 필요하겠어.

(마유 says)
cloth(천)이라는 단어가 모여 복수로 clothes(옷)가 되었다고 생각하면 편합니다.
clothing도 의미는 같지만, clothes보다 더 격식이 있고, 또한 셀 수 없는 명사입니다.

(마유's tip)
-thes는 발음할 때 'th'와 'es'를 둘 다 내는 게 정석이지만, 둘을 합쳐 'z'처럼 발음해도 인정됩니다.

#wear(의류) #cover(가리다) #piece(벌)

instructor
강사

Hello.
I'm your Pilates instructor Mayu.

안녕하세요. 저는 회원님의 필라테스 강사 마유라고 해요.

마유
says

instruct한다는 말은 가르쳐 주기 위해 지시한다는 말이에요. 뒤에 'er'이 아니라 'or'로 끝난다는 걸 주의해야 합니다.

마유's
tip

정식 교직에 있는 teacher(교사)와는 다른 개념입니다.

#skill(기술)　#instruction(지시)　#learn(배우다)

aisle
통로

Would you like an aisle seat or a window seat?

통로석을 원하시나요 아니면 창가석을 원하시나요?

마유 says

aisle은 's'가 묵음이기 때문에 [아이슬]이 아니라 [아일]에 가깝게 발음하세요.
비행기에서 통로석을 aisle seat이라 하고 창가석을 window seat이라고 하죠.

마유's tip

결혼식에서 흔히 '버진로드'라고 하는 통로도, 사실은 단순히 aisle이라고 합니다.

#narrow(좁은) #path(길) #pass(지나가다)

health

건강

You must remember
that health always comes first.

건강이 항상 우선이라는 걸 꼭 기억해야만 합니다.

마유
says

영어 왕초보분들을 가르치면서 가장 많이 나오는 실수 #1이 바로 health VS healthy 되겠습니다. healthy는 '건강한'이라는 형용사예요. 주의하세요.

마유's
tip

그나저나, health에 들어 있는 heal이 '치유하다'라는 동사인 건 아셨나요?

#well-being(안녕) #muscle(근육) #check-up(검진)

jealous

질투하는

Ha! I'm not jealous of that guy!

하! 저 남자 질투 안 난다고!

마유 says

물론 jealous가 남에 대한 시기, 질투를 나타내지만, 그렇다고 무조건 부정적인 말은 아닙니다. 친구의 좋은 일에 jealous하다고 오버해서 말함으로써, 친구의 기분을 더 좋게 해 줄 수 있습니다.

마유's tip

도대체 무엇을 질투하는지 쓰려면 뒤에 of와 함께 추가하세요.

#jealousy(질투) #emotion(감정) #sadness(슬픔)

signature
서명

I need your signature right over here.

여기에 손님의 서명이 필요해요.

마유 says
이전에 이미 언급했던 autograph(유명인의 사인)과는 전혀 다르게, signature는 법적 효력이 있는 서명입니다.
예 신용 카드, 계약서 등

마유's tip
하지만 동사인 sign으로 바뀌면 서명한다는 뜻도 되고 사인을 해 준다는 말도 되는 아이러니!

#law(법) #contract(계약서) #promise(약속)

float

뜨다

Who says Mayu can't float in the water, huh?

마유가 물에 뜨지 못한다고 누가 그래, 응?

마유 says float은 물에 떠 있다는 말도 되고 공중에 떠 있다는 말도 됩니다. 물 안에 떠 있을 때는 float in the water, 수면 위에 떠 있을 때는 float on the water를 쓰세요.

마유's tip 비슷한 의미로 많이 쓰는 단어로는 hover가 있는데, 이건 물에 떠 있다는 의미로는 안 써요.

#dive(잠수하다) #light(가벼운) #sink(가라앉다)

rest
휴식

I stayed up all night.
I need some rest.

나 밤새웠어. 휴식이 좀 필요해.

마유
says

rest는 '휴식'이라는 명사로 쓰기도 하고 '쉬다'라는 동사로 쓰기도 합니다.

마유's
tip

여러분, '쉬다, 휴식을 취하다'라는 의미의 표현 take a rest를 들어 보셨나요?
영국에서는 사용하는 것으로 알려져 있으나 미국 영어에서는 거의 사용하지 않습
니다. get some rest로 사용하는 것을 추천합니다.

#bedtime(취침 시간) #break(휴식) #vacation(휴가)

baggage

짐, 수화물

Your baggage exceeds the weight limit.

?kg
99.0kg

수화물이 무게 한도를 초과하네요.

마유 says

baggage는 셀 수 있는 명사가 아닙니다. baggages라고 쓰지 마세요. 셀 수 있는 명사를 쓰고 싶다면 bag(가방)을 쓰면 되죠.

마유's tip

같은 뜻의 단어 luggage도 마찬가지입니다.

#heavy(무거운)　#package(포장물)　#lost(분실된)

book

예약하다

Oh, my God...
I forgot to book our plane tickets.

오, 마이 갓… 비행기표 예약하는 거 깜빡했어.

마유 says

book은 '책'이라는 뜻도 되지만 뭔가를 '예약하다'라는 동사로도 자주 씁니다. 다만, 사람과의 만남을 예약한다고 할 때는 잘 쓰지 않고, 장소나 서비스를 예약한다고 할 때 써요.

마유's tip

reserve와 의미는 비슷하지만 훨씬 더 캐주얼하고 사용 빈도가 높아요.

#hurry(서두르다)   #booked(예약된)   #purchase(구매하다)

veggie

채소

My dog won't eat any veggies...

우리 개는 채소를 먹을 생각을 안 해…

마유
says

veggie는 vegetable을 줄인 표현입니다. 회화체에서는 편의상 훨씬 더 많이 쓰죠. 줄이든 그대로 쓰든 여전히 셀 수 있는 명사이니까, 복수로 쓰려면 veggies 라고 하세요.

마유's
tip

아, 생각난 김에, refrigerator(냉장고)를 줄인 fridge도 알아 두세요.

#fruit(과일) #fiber(섬유) #health(건강)

reservation
예약

I have a 10 o'clock reservation for two.

10시에 두 명으로 예약했는데요.

 마유 says

reservation은 장소, 서비스, 물건 등에 대한 예약입니다.

 마유's tip

사람과의 만남을 예약한다고 할 때는 appointment를 쓰는 게 맞아요. 그러니까 의사 선생님과의 만남(진료)을 말할 때 reservation을 쓰면 안 되겠죠?

#hurry (서두르다) #booked (예약된) #purchase (구매하다)

suitcase
여행 가방

Well, the airline lost my suitcases so...

음, 항공사에서 제 여행 가방을 분실해 가지고…

마유 says suitcase를 직역하면 사실 '옷 가방'이 맞지만, 여행 가방에 가장 많이 챙기는 게 옷이다 보니 그렇게 의역되어 사용되고 있습니다.

마유's tip 기내에 가지고 탈 수 있는 캐리어는 carry-on (bag)이라고 합니다. 놀라셨죠? 네, carrier가 아닙니다.

#travel (이동하다) #check (체크인하다) #heavy (무거운)

husband and wife
부부

I can tell you two are husband and wife.

두 분은 부부인가 보군요.

 마유 says

'부부'라는 단어가 따로 있을 것 같지만, 이렇게 대놓고 쉽습니다. 다만, 일반적인 부부를 지칭할 때는 관사(a/an)를 넣지 말고 쓰세요. 많은 부부들이 있다면 복수로 husbands and wives라고 쓰면 되겠습니다.

#married (결혼한) #single (미혼인) #boyfriend and girlfriend (남자친구 여자친구)

spicy

매운

Holy cow! Who made this food? It's so spicy!

맙소사! 이 음식 누가 만든 거야? 엄청 맵잖아!

 마유 says   spicy는 사실 spice(양념)에서 온 형용사예요. 원래는 '양념 맛이 강한'에 가깝죠.

 마유's tip   우리가 흔히 알고 있는 hot도 좋은데, 이건 뜨겁다는 의미도 될 수 있어서 헷갈릴 수 있어요. 저는 개인적으로 매운 건 spicy, 뜨거운 건 hot으로 구분하면 좋을 것 같습니다.

#sour(신)   #sweet(단)   #tongue(혀)

debit card

체크 카드

Please try again with this debit card.

이 체크 카드로 다시 해 봐 주세요.

마유
says

'체크 카드'를 지금까지 check card로 잘못 썼다면, 이제부터는 이렇게 쓰세요. debit이라는 단어가 인출한다는 의미를 가지고 있어서 그렇습니다.

마유's
tip

참고로, 체크 카드로 지불한다고 할 때는 pay with a debit card라는 표현을 쓰세요.

#payment(지불) #cash(현금) #deposit(입금하다)

beat
이기다

No one can beat
the Korean soccer team!

아무도 한국 축구팀을 이길 순 없지!

마유
says

beat는 원래 '두들겨 패다, 때리다'라는 뜻도 있지만, 상대방을 이기거나 남이 세운 기록을 깬다고 할 때도 씁니다.

마유's
tip

오히려 이럴 때는 win을 쓰는 게 어색해요. win은 게임에서 이긴다고 할 때 쓰죠.
예 win the game

#winner(승자)   #lose(지다)   #defeat(무찌르다)

police officer
경찰관

Someone stole my car, police officer...

누가 제 차를 훔쳐갔어요, 경찰관님…

마유 says

솔직히 cop이라는 단어가 먼저 떠올랐죠? cop은 직업명으로 쓸 때만 어울리는 단어예요. 실제로 경찰관을 부를 때 호칭으로 cop이라고 하면 절대 안 됩니다.
예 Hello, cop?(×)

마유's tip

police를 빼고 officer라고 써도 좋아요. 아니면 성별에 따라 sir 혹은 ma'am을 써도 좋죠.

#law(법)   #detective(형사)   #thief(도둑)

promotion

승진

Honey! I finally got a promotion!

여보! 나 마침내 승진했어!

마유 says

promotion은 promote(승진시키다)라는 동사에서 만들어진 단어입니다. 승진했다고 하고 싶으면, I got a promotion!이라고 쓰거나 I got promoted!라고 쓰세요.

마유's tip

물론, 물건의 홍보를 위한 판촉도 promotion이라고 해요.

#bonus(성과급)   #raise(봉급 인상)   #company(회사)

firefighter
소방관

Thank you, firefighters, for saving so many lives!

소방관님들, 많은 생명을 구해 주셔서 감사합니다!

 마유 says

문자 그대로 불(fire)과 맞서 싸우는 분(fighter)입니다. 굳이 남녀를 구분할 때엔 fireman, firewoman이라고 쓸 수는 있습니다.

 마유's tip

그나저나, 소방서는 fire department가 아니라 fire station입니다.

#emergency (응급)   #firetruck (소방차)   #rush (서두르다)

cheat
컨닝하다, 속이다, 사기 치다

I wasn't cheating! I swear!

컨닝한 거 아니에요! 맹세해요!

마유 says
cheat은 컨닝뿐만이 아니라 모든 부정행위를 의미해요. 다이어트 중에 삼겹살 먹는 것도 cheat하는 것이고, 바람을 피우는 것도 cheat하는 거죠.

마유's tip
사실 영어에 cunning이라는 단어가 있긴 한데요. 그건 '교활한'이라는 형용사입니다.

#lie(거짓말) #trick(속이다) #liar(거짓말쟁이)

scared

겁먹은

Why are you scared?
What's wrong?

왜 겁먹은 표정이야? 왜 그러는데?

 마유 says

집중하세요. scared는 scare에서 시작된 단어입니다.
scare(겁주다: 동사) / scared(겁먹은: 형용사) / scary(겁나게 하는: 형용사)

 마유's tip

이 삼형제 단어는 오랫동안 속 썩일 예정이니 예문을 직접 만들어 완전히 체화하세요.

#afraid(두려워하는)　#ghost(귀신)　#hide(숨다)

laptop computer

노트북

I brought my laptop computer, but I forgot the charger!

노트북은 가져왔는데 충전기를 잊었네!

마유 says

휴대하며 쓰는 노트북 컴퓨터는 laptop computer라고 불러요. lap은 허벅지의 앞부분을 말하는데, 그 위에(top) 올려놓고 쓴다고 해서 그렇게 된 거죠.

마유's tip

우리가 알고 있는 notebook computer도 실제로 쓰는 단어입니다.

#convenient(편리한)   #wireless(무선의)   #electronics(전자제품)

whine

징징대다

If you keep whining,
I won't buy you this toy.

계속 징징대면, 이 장난감 안 사 준다.

마유
says

어린이이든 성인이든 모두에게 쓰는 동사입니다. 형용사로 바꿔서도 자주 쓰는데,
바로 whiny(징징대는) 되겠습니다.

마유's
tip

마시는 wine과 발음은 정확히 똑같으니 스펠링에 주의하세요.

#annoying(짜증나는)   #childish(유치한)   #yell(소리 지르다)

회 독 체 크

1회 2회 3회

every day
매일

I go to the gym every day.
I mean every day.

나 헬스장 매일 가. 매일 말이야.

마유 says

많은 분들이 everyday처럼 두 단어를 붙여 쓰시는데요. 그건 '매일'이라는 뜻이 아닙니다. 그렇게 쓰면 형용사로 '일상적인'이라는 의미가 돼요.

예 everyday work

every day처럼 두 단어로 띄어 써야만 부사로 '매일'이라는 의미가 됩니다. 원어 민도 자주 틀려요.

#daily(매일의) #repeat(반복하다) #routine(반복적인 일)

spoil

망치다

They are spoiling their kid.

아이의 버릇을 망치고 있네.

마유 says

영화 '스포일러'라고 들어 보셨죠? 거기 나오는 spoil 되겠습니다. 사람들에게 신작 영화 등의 주요 내용을 미리 알려 줘서 스토리의 놀라움이나 긴장감을 망치는 것 같은 거죠. spoil은 특히 사람의 버릇을 망친다고 할 때 자주 써요. 아이의 버릇이든 애인의 버릇이든.

#spoiled(버릇없는) #ruin(망치다) #personality(성격)

budget

예산

Do you have a cheaper one?
My budget is tight so...

더 싼 거 있나요? 예산이 좀 빠듯해서…

 마유 says

회사나 정부의 예산처럼 큰돈을 의미하기도 하지만, 단순히 개인적인 쇼핑을 위한 예산처럼 일상적으로도 많이 사용합니다.

 마유's tip

발음할 때는, 'bu'에 강세를 많이 주고 'd'는 거의 묵음처럼 넘어가세요.

#cash(현금) #plan(계획) #limit(한도)

oversleep

늦잠 자다

I didn't hear the alarm go off!
I totally overslept!

알람 울리는 걸 못 들었어! 완전 늦잠 자 버렸네!

마유
says

오버해서 자는 것, 결국 '늦잠 자다'가 되어 버립니다. 하지만, 유의할 게 있어요. oversleep은 의도적이지 않게 늦잠을 자 버리는 걸 말해요. 알람을 못 들었거나 해서 말이죠.

마유's
tip

하지만, 쉬고 싶거나 해서 의도적으로 늦잠을 잔다고 하면 sleep in이라는 표현을 써야 합니다.

#sleepyhead(잠꾸러기) #alarm clock(알람 시계) #trouble(곤경)

lately
최근에

**Chloe has been quiet lately.
What happened to her?**

Chloe가 요즘 조용해. 무슨 일이지?

마유
says

'최근에'라고 하면 recently라는 단어가 떠오르는데요. recently와 lately는 살짝 다릅니다. recently는 과거 동사를 주로 사용하죠.

예 I recently visited France.

하지만, lately는 완료 〈have + p.p.〉를 주로 사용해요.

예 I have been busy lately.

#these days(요즈음에)　#today(오늘날)　#present(현재)

convertible
오픈카

Do I look cool in my convertible, hmm?

오픈카를 탄 제가 쿨해 보이나요, 흠?

 마유 says

open car가 떠올랐다면 콩글리시 되겠습니다. 실제로 open car를 직역하면 '열려 있는 자동차'입니다. 오히려 말이 되기 때문에 더더욱 조심해야 해요. 차의 지붕이 열렸다가 닫혔다가 하죠? convert가 '전환하다'라는 동사이거든요. 여기에서 파생된 단어입니다.

#coupe(쿠페) #sedan(세단) #awesome(멋진)

kindergarten

유치원

**I still remember the days
I went to kindergarten.**

유치원 다니던 때가 아직도 기억 나.

마유 says 유치원의 스펠링은 -garten으로 끝나는데 garden(정원)의 스펠링으로 실수하는 경우가 너무나 많습니다. 유의하세요. 유치원생은 kindergartener라고 씁니다.

마유's tip kindergarten에 들어가기 전에 들어갈 수 있는 학교는 preschool이라고 불러요.

#little(어린) #care(돌봄) #education(교육)

gym
헬스장

It's time to go to the gym, but I'm so lazy...

헬스장 갈 시간인데, 엄청 귀찮아…

 마유 says · 사실 gym은 학교든 헬스장이든 운동을 하는 '체육관'이라는 뜻입니다. 헬스장에 간다고 할 때는 보통 the를 넣어 go to the gym처럼 쓰세요.

 마유's tip · health center라고만 쓰지 마세요. fitness center라고 쓰는 건 괜찮습니다.

#strong(강한) #sit-up(윗몸 일으키기) #scale(체중계)

chicken
닭

Can chickens fly? I doubt that.

닭이 날 수 있을까? 아마 못 날 걸.

마유 says

chicken을 모르는 사람이 있냐고요? 네. 스펠링을 틀리는 사람도 많습니다.

마유's tip

'새'라는 의미로서의 chicken은 셀 수 있는 명사입니다.
예 a chicken, many chickens
하지만 '음식'이라는 의미로서의 chicken은 셀 수 없어요.
예 fried chicken, baked chicken

#bird(새) #cooked(요리된) #beak(부리)

fiancée
약혼녀

This is my fiancée Amelia.
She's a model.

이쪽은 내 약혼녀 Amelia야. 모델이지.

 마유 says
프랑스어에서 온 단어라 발음할 때 'cée' 부분을 [쎄이]처럼 좀 늘려서 하세요. '-cée'로 끝나면 약혼녀를 뜻하지만 '-cé'로 끝나면 약혼남을 뜻합니다. (혹은 남녀 모두)

 마유's tip
참고로, 약혼반지는 영어로 engagement ring이라고 불러요.

#partner(동반자) #engaged(약혼한) #introduce(소개하다)

toilet paper
휴지

Can anyone get me some toilet paper, please?

휴지 좀 가져다주실 수 있는 분?

마유 says

toilet paper는 휴지 중에서도 화장실 휴지를 콕 집어 말하는 단어입니다. 화장할 때 쓰는 휴지는 tissue(티슈), 식사 중에 쓰는 휴지는 napkin(냅킨)입니다.

마유's tip

어느 정도 외래어로 들어왔지만, 섞어 쓰는 분들이 많습니다. 원어민들은 무조건 구분합니다.

#roll(롤)   #toilet(변기)   #fold(접다)

staff
스태프

If you have any questions,
talk to one of our staff.

질문이 있으시면, 저희 스태프에게 말씀해 주세요.

마유
says

staff는 하나의 그룹 전체를 지칭해요. 한 사람을 지칭하는 것처럼 This guy is our staff.라고 말할 수는 없습니다. 한 명 한 명은 staff member라고 써야 해요. 다수의 staff member들이 모여 하나의 staff를 구성하는 것이죠.

#crew(승무원 단체) #employee(직원) #part(일부)

August

8월

왕초보가 초중급 라인을 뚫으려면
어휘력과 문법 실력이 견고해야 합니다.
기본기 무시하고
'무작정 말하기'를 해 보는
사람의 문장은 정말 가관입니다.

close

친한

We are pretty close.
Can't you tell?

저희 꽤 친해요. 티 나지 않아요?

마유
says

친하다는 표현으로 friendly를 쓰는 실수가 많은데 그건 성격이 '친근한, 상냥한'
이라는 의미입니다. close를 써야 '사이가 가깝다', 즉 '친하다'라는 의미를 전달할
수 있어요.

마유's
tip

참고로 close는 이렇게 형용사로 쓰면 [클로우즈]가 아니라 [클로우쓰]에 가깝게
발음합니다.

#BFF(영원한 절친[베프]) #awkward(어색한) #mate(친구)

paper towel
종이 수건

Please pass me the paper towel.
I just dropped ketchup on my shirt.

종이 수건 좀 건네주세요. 셔츠에 방금 케첩을 흘려서요.

 마유 says 저도 한국에 처음 돌아왔을 때 kitchen towel이라는 단어에 생소했는데요. paper towel이 옳은 영어입니다. 영국에서는 kitchen paper라고 쓰기는 해요.

 마유's tip 참고로, 물티슈는 영어로 wet wipes입니다.

#wipe(닦다)   #stain(얼룩)   #absorb(흡수하다)

이제 영어는 단순히 남의 언어가 아닙니다.
해외에 나가서도 사랑하는 사람들을 지켜줄 수 있는
당신이 가진 '가장 강력한 무기'입니다.
그 무기, 연마해 두십시오.

social media
소셜 미디어

Everyone is addicted to social media, including me.

모두가 소셜 미디어에 중독됐어, 나 포함해서 말이지.

 마유 says
국내에서는 social media라는 단어보다 SNS라는 단어가 훨씬 더 자리를 잡았는데요. 그렇다고 SNS가 콩글리시는 아니고, Social Networking Service[Site]를 줄인 표현입니다.

 마유's tip
하지만 SNS라고 하면, 사람에 따라 어떤 원어민들은 못 알아들을 수도 있습니다.

#website(웹사이트) #fake(가짜인) #posting(게시물)

air-conditioner
에어컨

Whoever invented
the air-conditioner is a genius!

누가 에어컨을 발명했든지 천재야!

마유 says

원래 condition이 동사로 '뭔가를 희망하는 상태로 만들다'라는 뜻이 있다는 거 아셨나요? 공기를 희망하는 상태로 만들어 주는 기계라고 볼 수 있겠습니다. 줄여서 '에어컨'이라 부르는데, 사실 aircon은 콩글리시가 아니라 여러 영어권 나라에서 실제로 쓰는 단어예요.

#A/C (에어 컨디셔닝) #heat (열기) #air (공기)

bath

목욕

I'm taking a bath.
Ah... It feels so good.

나 목욕 중이야. 아… 기분 엄청 좋아.

 마유 says

솔직히, shower(샤워)는 알지만 bath(목욕)을 모르시는 분들 많으셨죠? 목욕을 한다고 할 때도 샤워와 마찬가지로 take라는 동사를 쓰면 됩니다.

take a bath 목욕하다 / take a shower 샤워하다

#clean(깨끗한)   #bathtub(욕조)   #relax(긴장을 풀다)

shore
해안, 물가

They are walking down the shore, holding hands.

손을 잡고 해안을 따라 걷고 계시네.

 마유 says

shore는 물과 육지가 만나는 딱 그 지점을 강조하는 단어입니다. shore는 바다만이 아니라 호수나 거대한 강 지역에도 쓸 수 있어요.

 마유's tip

해안임을 강조할 때는 seashore라고 쓰면 확실하겠죠?

#beach(해변) #lake(호수) #sea(바다)

remind
상기시키다

Emily, you remind me of my sister.

Emily, 너를 보면 내 여동생이 생각나.

 마유 says 뭔가 다시 생각나도록 re-(다시) + mind(마음)에 넣어 준다는 뜻입니다.

 마유's tip Emily를 봤을 때 내 여동생이 생각난다면, Emily가 나로 하여금 내 여동생을 상기시키는 거죠. 그럴 때는 of라는 전치사를 활용해서 Emily reminds me of my sister.라고 쓰면 됩니다.

#remember(기억하다)   #alike(비슷한)   #notify(알리다)

replace

교체[대체]하다

They replaced the tires for free!

MAYU

거기서 무상으로 타이어를 교체해 줬죠!

 마유 says

re-(다시)와 place(위치시키다)가 만나 만들어진 동사입니다.

 마유's tip

포괄적으로 뭔가를 바꾼다는 뜻의 change보다 좀 더 디테일한 느낌이며, 기존의 것을 동등한 기본 성질을 가진 것으로 대체한다는 것이죠.
예 부품 교체, 인력 대체

#exchange(교환) #remove(제거하다) #install(설치하다)

faint

실신하다

I haven't eaten anything in 3 days. I think I'm going to faint.

3일간 아무것도 못 먹었어. 실신할 거 같아.

 마유 says
faint는 몸에 이상이 생겨 기절하는 걸 나타내지만, 피곤해서 기절했다는 식의 은유적인 표현으로는 못 씁니다.

 마유's tip
그럴 땐 pass out이란 표현을 쓰세요. 이건 몸의 이상으로 기절하는 것도 되고 피곤해서 기절했다는 의미도 됩니다.

#dizzy(어지러운)　#blood pressure(혈압)　#lack(부족)

회 독 체 크

1회 2회 3회

flip flop(s)
슬리퍼

He showed up in flip flops on our first date.

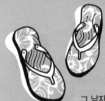

그 남자 첫 데이트에 슬리퍼를 신고 나왔어.

 마유 says
이건 슬리퍼 중에서도 엄지발가락과 검지발가락 사이를 끼워 신는 오픈된 슬리퍼를 말해요. 일반 신발과 같이, 한 켤레를 말할 땐 flip flops처럼 복수로, 혹은 a pair of flip flops라고 쓰세요.

 마유's tip
그리고, 일단 슬리퍼는 sleeper가 아니라 slipper입니다.

#light(가벼운) #comfortable(편안한) #toe(발가락)

check
체크인하다

How many bags are you checking today, sir?

오늘 가방 몇 개나 체크인하시나요?

마유 says

공항에서 수화물을 체크인한다고 할 때는 check in보다 check을 더 많이 씁니다. check in을 써도 틀리지는 않습니다.

마유's tip

반면, 호텔에 체크인한다고 할 때는 무조건 check in을 쓰는 게 맞아요.

#airport (공항) #baggage (짐) #scale (저울)

shade
그늘

**Thank you, tree,
for providing the shade.**

그늘을 만들어 줘서 고마워, 나무야.

마유 says

shade와 shadow를 헷갈리시는데요. 물론 같은 가족이긴 하지만 shadow는 '그림자'랍니다. shade는 '그늘'이라는 뜻도 되지만, 특히 '색조'라는 뜻으로 자주 씁니다. 그럴 땐 셀 수 있는 명사로 취급해요. color와 마찬가지로 말이죠.

#dark (어두운) #cool (식히다) #relax (쉬다)

throw
던지다

Hey, kid! Throw the ball to us!

어이, 꼬마! 공 좀 던져 줘!

마유
says

throw 뒤에는 전달하려는 의미에 따라 to를 넣기도 하고, at을 넣기도 하는데요.
누군가의 방향으로 던진다고 할 때는 to, 정확히 누구를 겨냥해서 던진다고 할 때
는 at을 쓰세요.

마유's
tip

참고로 throw의 과거는 threw입니다. 주의하세요.

#kick(차다) #baseball(야구공) #catch(잡다)

drop
떨어뜨리다

I dropped my phone in the toilet again...

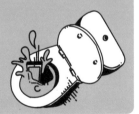

변기에 전화기를 또 떨어뜨렸어…

마유
says

drop은 '떨어뜨리다'라는 말도 되고 '떨어지다'라는 말도 돼요.
예 I dropped it.(○) / It dropped.(○)
반면, fall은 '떨어뜨리다'라는 말은 되지 않고 '떨어지다'만 됩니다.
예 I fell it.(×) / It fell.(○)

마유's
tip

[드롭]이 아니라 'o'를 강하게 발음해서 [드랍]에 가깝게 발음해 보세요.

#slippery(미끄러운) #break(부서지다) #mistake(실수)

회 독 체 크
1회 2회 3회

sprain

접질리다

I think I sprained my ankle. Ouch!

발목을 접질린 거 같아요. 아야!

 마유
says

팔목, 발목 등을 삔다고 할 때 쓰는 동사인데, 내가 고의로 삐는 게 아님에도 불구하고 주어는 나로 잡습니다.

예 I sprained my wrist.

 마유's
tip

뼈가 부러졌다고 할 때도 마찬가지예요.

예 I broke my wrist.

#ankle(발목) #mistake(실수) #bone(뼈)

regret

후회하다

I don't regret my decision.
I'm going to be a model!

내 결정을 후회하지 않아. 난 모델이 될 거야!

 마유 says
regret은 보통 뒤에 뭘 후회하는지 함께 와요.
예 I regret it.

 마유's tip
이 동사도 좋지만 팁을 더 드리면 sorry라는 형용사도 후회의 의미를 나타냅니다.
누군가 You will be sorry!라고 하면, "너 후회할 거야!"라는 느낌이 되죠.

#tears(눈물)   #frustrated(낙심한)   #pursue(추구하다)

father-in-law

시아버지

My father-in-law is so cool that we're like friends.

장인어른이 엄청 쿨하셔서 나랑 친구같이 지내셔.

마유 says

우리말로는 사돈 관계에 있는 아버지를 시아버지, 장인어른처럼 따로 나누어 말하지만, 영어에서는 이렇게 간단합니다. father(아버지) + in-law(법적으로)

마유's tip

father 자리에 자신과의 관계를 바꿔가며 응용해 보세요.
예 sister-in-law 시누이, 형수, 처제, 동서 등

#family tree(족보) #mother-in-law(시어머니, 장모) #simple(간단한)

bug
곤충

There was a huge bug in my bag!

가방에 엄청 큰 곤충이 들어가 있었어!

 마유 says
bug는 insect와 거의 똑같은 의미로 쓰지만, 조금 더 포괄적이어서 거미나 지네 등을 포함하기도 합니다.

 마유's tip
동사로 남을 귀찮게 하거나 신경 쓰이게 한다는 말도 돼요. 곤충이 기어 다니면 신경 쓰이잖아요.

#insect(곤충) #animal(동물) #creature(생명체)

swimsuit
수영복

I bought this swimsuit 5 years ago and it still fits me.

이 수영복 5년 전에 샀는데 아직도 몸에 맞네.

마유 says

suit이 무조건 정장은 아닙니다. 단순히 특정한 목적을 위한 '복장'이라는 뜻이에요.

마유's tip

간혹 swimming suit이라고 쓰는 사람도 있지만, 꽤나 드물어요. 차라리 같은 뜻을 가진 bathing suit을 추가로 알아 두는 걸 추천합니다.

#bikini(비키니) #rubber ring(수영 튜브) #tight(꽉 끼는)

sunscreen
자외선 차단제

I forgot to wear sunscreen and look at me now...

자외선 차단제 바르는 걸 깜빡한 나를 봐…

마유
says

screen은 원래 뭔가를 가려 주거나 검열한다는 의미를 가진 단어입니다. 한국에서 흔히 '선크림'이라고 부르는데, sun cream도 콩글리시는 아닙니다. 북미에서는 보통 sunscreen이라고 하지만, 유럽 등의 국가에서는 sun cream을 쓰기도 해요.

#skin(피부) #protection(보호) #block(막다)

loose
헐렁한

I prefer clothing with a loose fit and you can see why.

저는 헐렁한 핏의 옷을 선호하는데, 왜 그런지 보이시겠죠.

마유
says

loose는 형용사입니다. lose(잃어버리다)라는 동사와 헷갈리지 마세요. 스펠링도 다르지만 심지어 발음도 완전 다릅니다. loose는 [루쓰]에, lose는 [루즈]에 가깝습니다.

마유's
tip

앞으로 '루즈핏'이라는 표기는 좀 바뀌어야 할 텐데요.

#tight(꽉 끼는) #fit(맞다) #comfy(편안한)

business trip
출장

I'm going on a business trip to California.

캘리포니아로 출장 가는 중이죠.

 마유 says
사업(business) + 여행(trip) = '출장'이겠죠? 출장이 장소는 아니기 때문에 go to a business trip이라고 쓰면 안 됩니다. go on a business trip이라고 쓰세요.

 마유's tip
어디로의 출장인지는 뒤에 to로 추가하면 돼요.

#travel(이동하다) #distance(거리) #expense(지출)

throat
목구멍

I have a sore throat, so I can't talk right now.

목이 쓰려서 지금은 말을 못하겠어.

 우리말로는 으레 목구멍이 아파도 여전히 목이 아프다고 히기 때문에 헷갈릴 수 있겠습니다. throat은 목 안의 기관인 '목구멍', neck은 목 자체를 의미합니다.

 목이 쓰리다고 할 때는, I have a sore throat.이라고 하세요.

#cold(감기) #path(통로) #breath(숨)

flight
비행

Welcome to Korea, Miss Jackson. How was your flight?

한국에 오신 걸 환영합니다, Jackson 양. 비행은 어떠셨어요?

마유 says

flight은 plane(비행기)과 달리 비행이라는 개념입니다.
예 a long flight
하지만, 비행기와 비슷하게 '비행편'으로 쓰기도 해요.
예 a 5 o'clock flight

마유's tip

flight을 동사로 바꾸면 뭐가 되겠어요? 그렇죠, 그게 바로 fly(날다)입니다.

#travel(이동하다) #journey(여정) #high(높게)

traffic jam

교통 체증

I'm late because there was a heavy traffic jam. I swear...

교통 체증이 심해서 늦은 거예요. 맹세해요…

마유
says
jam은 뭔가 막혀 있음을 뜻하는 단어입니다.

마유's
tip
원어민들은 '교통 체증이 있다'고 말하기보다 jam을 생략하고 '교통이 많다'고 자주 써요.

예 There was too much traffic (jam). 교통 체증이 심했어.

#stuck(갇힌) #commute(통근하다) #traffic light(s)(신호등)

crowded
붐비는

I love going to crowded places!

난 붐비는 곳에 가는 게 너무 좋더라!

마유
says

crowd 자체는 명사로 '군중'을 의미해요. 그걸 형용사로 바꾼 게 crowded죠.

마유's
tip

이 단어는 중간에 있는 'd'를 절대로 강하게 발음해서는 안 돼요. 'o'에 강세를 줘서 'd'는 물 흐르듯 부드럽게 [크라우딧]보다는 [크라우릿]처럼 하세요.

#loud (시끄러운)   #uncomfortable (불편한)   #quiet (조용한)

co-worker

직장 동료

One of my co-workers recently got a promotion.

직장 동료 중 한 명이 최근에 승진을 했어.

마유
says

co-는 '함께'라는 뜻을 가지고 있습니다. 함께하는 worker(근로자)인 거죠.

마유's
tip

비슷한 의미로 colleague이라는 단어가 있는데, 굉장히 격식인 편이며 같은 회사에서 일하는 사람만이 아니라 직업상 관계를 맺고 있는 사람을 통틀어 부르는 말입니다.

#boss(직장 상사) #employee(직원) #employer(고용인)

flea market
벼룩시장

I picked up this skirt
at the flea market down the street.

이 치마를 근처 벼룩시장에서 구했어.

마유
says

"flea가 설마 벼룩이란 뜻이겠어?" 네, 맞아요. 벼룩이라는 뜻 진짜 맞습니다.
비슷하게는 중고품을 파는 yard sale이나 garage sale도 있습니다.

마유's
tip

스펠링에 주의하세요. flee라고 해 버리면 발음은 똑같지만 '도주하다'라는 뜻이
되어 버려요.

#bargain(싸게 산 물건)   #inexpensive(비싸지 않은)   #street(거리)

side dish
곁들임 요리

Did I order too many side dishes?

곁들임 요리를 너무 많이 시켰나?

 마유 says side dish를 반찬이라고 해석하기는 좀 애매한데, 무료로 딸려 나오는 것이 아니기 때문입니다. appetizer(애피타이저)의 개념이 오히려 더 맞다고 볼 수 있겠어요.

 마유's tip 주요리는 main dish라고 합니다. 참고로, dish는 '요리' 외에 '접시'라는 뜻도 됩니다.

#appetite(식욕) #hunger(배고픔) #thirsty(목마른)

mosquito

모기

I'm going to kill all of you, mosquitoes!!!

너희 모기들, 다 죽여 버릴 거야!!!

 마유 says
스펠링이 좀 어마무시하죠? 모기를 복수로 쓰면 뒤에 -s만 붙이지 말고 -es를 붙여야만 합니다. mosquitoes 이렇게요. 종종 원어민 중에 -s만 붙이는 걸 볼 수가 있는데 여전히 추천하지 않아요.

 마유's tip
전에도 언급했지만 모기 물린 데를 mosquito bite이라고 불러요.

#itch(가렵다) #blood(피) #suck(빨다)

bruise

명

I fell and got bruises all over my face.

넘어져서 얼굴에 멍투성이야.

마유
says

bruise는 셀 수 있는 명사라 관사(a/an)를 넣거나 복수로도 쓸 수 있습니다.

마유's
tip

black and blue라는 재미있는 표현이 있는데, 이건 '멍이 든'이라는 형용사예요.
그리고, 멍든 눈은 black eye라는 표현을 씁니다.

#injured(부상 입은)   #ouch(아야)   #hurt(아프다)

itchy
가려운

I should've washed my hair. It's so itchy!

머리를 감았어야 했는데. 엄청 가렵잖아!

마유
says

mosquito가 나온 김에, 가장 생각나는 단어는 itchy네요. itchy는 형용사예요.
이 친구는 강세가 아예 없다고 생각하고 발음하세요. 정말 [이취]처럼요.

마유's
tip

동사 itch(가렵다)라는 단어도 세트로 익혀 버리는 센스!

#scratch(긁다) #itchiness(가려움) #sore(쓰린)

pill
알약

I'm having a hard time swallowing this pill.

이 알약을 삼키는 데 애먹고 있어요.

 마유 says
pill은 medicine(약)의 하위 개념이고 심지어 셀 수 있는 명사예요. pill과 비슷한 것이 tablet인데, 이건 알약 중에서도 납작한 모양의 것을 말합니다.

 마유's tip
좀 어렵지만, 물약은 liquid medicine, 가루약은 powdered medicine이라고 해요.

#swallow (삼키다) #bitter (쓴) #cure (치유하다)

humid
습한

It's so humid that I can't even breathe!

엄청 습해서 숨도 못 쉬겠어!

마유 says

사전을 찾아보시면 습하다는 형용사가 크게 두 개 나올 거예요. humid 그리고 damp! damp는 날씨보다는 습기를 흡수한 물건이 눅눅하다고 할 때 많이 써요. 날씨가 습하다고 할 땐 humid를 추천할게요.

마유's tip

사실 끈적한 날씨는 sticky하다는 표현도 많이 해요.

#weather(날씨) #air-conditioner(에어컨) #sensitive(민감한)

headache

두통

When I smelled his fart, I got a headache.

방귀 냄새를 맡았더니 두통이 생겨 버렸네.

마유 says

이렇게 신체 부위 뒤에 ache를 추가하면 그 부분에 생기는 통증을 나타냅니다. 희한하게, 관사(a/an)를 앞에 넣어야 해요.

마유's tip

편두통은 side headache가 아니라 migraine이라는 단어가 따로 있습니다.

#pain(고통) #suffer(겪다) #rest(휴식)

pants

바지

I bought short pants,
but these are not that short...

반바지를 샀는데, 그렇게 짧지는 않네…

마유 says

설마 반바지라고 해서 half-pants라고 쓰신 건 아니겠죠? short pants도 복수 취급하는데, 간편하게 줄여서 shorts라고 더 많이 부릅니다.

마유's tip

진짜 짧은 흔히 말하는 '핫팬츠'는 short shorts(짧은 반바지)라고 쓰세요.

#leg(다리) #skirt(치마) #a sense of style(스타일 감각)

swollen

부은

I had ramyeon last night, and now my face is all swollen.

어젯밤에 라면 먹어서 얼굴이 완전 부었네.

 마유 says

swollen은 swell(붓다)이라는 동사에서 만들어진 형용사입니다.

 마유's tip

특히, 얼굴이나 눈이 푸석하고 부은 상태는 puffy라는 단어를 많이 써요. 부은 것이 가라앉는다고 할 땐 calm down이라는 동사를 쓰세요.

#swelling(부기) #blister(물집) #wound(부상)

dump
차버리다

Please don't say you're going to dump me. I'm begging you!

날 차 버리겠다고 말하지 말아 줘. 이렇게 빌게!

 마유 says

남녀 사이에서 차 버린다고 할 때 kick을 쓰지 마세요. 그건 정말 발로 차는 거니까. dump는 원래 쓰레기나 물건 등을 버린다는 말인데 슬랭처럼 쓰이는 것입니다.

 마유's tip

내가 차였다면, 슬프지만 I was dumped.라고 말하세요.

#mistake(실수) #depressed(우울한) #desperate(간절한)

회 독 체 크

1회 2회 3회

purchase

구매하다

I purchased this car here yesterday...

이 자동차 어제 여기서 구매했는데요…

마유 says

purchase는 buy와 사실상 의미상의 차이는 없지만, 조금 더 격식의 느낌만 줄 뿐이에요. 회화보다는 환불을 요청하거나 하는 정식 글에 쓰는 걸 추천합니다.

마유's tip

발음할 땐 'pur'에 강세를 주고 [펄체이쓰]가 아니라 [펄쳐쓰]에 가깝게 하세요.

#buyer(구매자) #deal(거래) #used(중고의)

sunglasses

선글라스

Something must be wrong with these sunglasses...

이 선글라스 뭔가 잘못됐나 본데…

마유 says
한쪽만 시커멓고 한쪽은 뚫린 선글라스를 쓰고 싶은 게 아닌 이상 복수로 쓰세요. 비슷하게는 shades가 있는데, sunglasses보다 조금 더 일상적인 감이 있습니다.

마유's tip
이를 포함한 모든 안경류를 묶어서 eyewear라고 부릅니다.

#awesome(멋진)   #protect(보호하다)   #frame(테)

회독체크
1회 2회 3회

road
길

Be careful!
The roads are slippery!

조심해! 길이 미끄럽다고!

마유
says

road는 사람이 다니는 길이 아니라 찻길을 얘기하는데, 특히 고속도로 등 자동차 전용 도로를 말해요.

마유's
tip

street에도 차가 다닐 수는 있지만, 대부분 그건 양쪽에 집들이 들어서 있는 동네 길을 의미합니다.

#sign(표지판)　#fast(빠른)　#slippery(미끄러운)

lipstick

립스틱

I know... I forgot to put on my lipstick...

알아요... 립스틱 바르는 거 깜빡한 걸...

마유 says

립스틱은 당연히 영어로 lipstick이지만 상황에 따라 관사 a를 넣기도 하고 빼기도 하죠. 화장품의 종류를 말할 때는 립스틱에 관사를 빼고 쓰세요.

예 I wear lipstick every day.

하지만, 특정한 립스틱 제품 하나를 말할 때는 관사를 넣으세요.

예 I'm holding a red lipstick.

#beauty(미) #make-up(화장) #attractive(매력적인)

sweat

땀을 흘리다

I'm sweating so much that my shirt is all wet!

땀이 엄청 나서 셔츠가 완전 젖었어!

마유 says

sweat은 이렇게 동사로도 쓰이지만 '땀'이라는 명사도 됩니다. 친구가 땀을 뻘뻘 흘리고 있으면, You are sweating a lot!이라고 해도 되고 형용사 sweaty를 써서 You are so sweaty!라고 해도 돼요.

#pore(모공) #sticky(끈적이는) #drop(흘리다)

bright
밝은

I love wearing bright colors.

난 쨍한 색을 입는 게 좋더라고.

마유
says

사실 저는 bright을 색이 '쨍한'이라고 알려드리고 싶어요. 핑크색, 형광색 이런 게 bright한 거죠.

마유's
tip

'밝은'이라고 해석하는 light는 색이 쨍한 것이 아니라 흰색에 가까운, 환한 가벼운 색을 말하는 겁니다. 회색은 dark(어두운 색), 흰색은 light(가벼운 색) 이런 식으로 말이죠.

#color(색) #clear(깨끗한) #dazzling(눈부신)

contact
연락을 취하다

You can contact me at this number.

이 번호로 연락주시면 돼요.

 contact는 call(전화하다), message(메시지를 보내다), email(이메일을 보내다) 등의 동사를 통합한 표현이라고 보면 됩니다.

 이건 연락을 취했다는 말이지, 실제로 상대방과 연락이 닿았다는 의미는 아니에요. 실제로 연락이 닿았다고 강조하고 싶다면 reach 혹은 get in touch with를 쓰세요.

#communication(소통) #connect(연결하다) #chat(채팅하다)

ocean
바다

A UFO just crashed into the ocean!

UFO가 방금 바다에 추락했습니다!

마유
says

'바다'하면 우린 보통 sea를 떠올리는데, 물론 두 단어를 의미 차이 없이 바꾸어 사용하는 사람도 있지만, ocean의 경우에는 보통 사람이 닿기 힘든 아주 깊고 넓은 바다를 말합니다.

마유's
tip

sea는 ocean 같은 넓은 바다와 육지가 만나는 사이에 존재하는 바다를 말한다고 볼 수 있어요.

#deep(깊은) #nature(자연) #mysterious(신비한)

dude
친구

What's up, dude?
You look fabulous!

안녕, 친구? 너 멋져 보인다!

 마유 says

dude는 friend와는 달리 친구끼리 서로 가리키거나 부르는 호칭입니다.
예 Hey, dude!
I have many dudes. 이렇게 일반적인 명사로 쓰는 경우는 드문 편입니다.

 마유's tip

남녀 상관없이 쓸 수 있지만, 보통은 남자에게 많이 사용해요.

#mate(친구) #buddy(친구) #friendly(친근한)

lightning

번개

We just got struck by lightning, but don't worry! We're perfectly safe!

비행기가 방금 번개에 맞았지만, 걱정 마세요!
완전 안전하니까요!

 마유 says 네! lightening이 아니라 lightning입니다. 중간에 'e'가 없으니 조심! lightning은 보통 셀 수 없는 명사로 취급해요. 다른 유형의 번개를 굳이 강조하지 않는 이상.

 마유's tip 번개 주위에서 소리를 내는 천둥은 thunder라고 하죠.

#scary (무서운) #flash (섬광) #harsh (혹독한)

회 독 체 크

1회 2회 3회

relative

친척

I invited my relatives to my birthday party.

OOth BIRTHDAY

내 생일에 친척들을 초대했어.

마유 says

relative는 혈육, 결혼으로 맺어진 모든 가족을 말합니다. 그런 면에서 이모나 삼촌의 자식을 말하는 cousin(사촌)보다 훨씬 큰 개념이죠.

마유's tip

[륄레이티브]가 아니라 [렐러티브]처럼 발음하는 게 핵심!

#related(관계된) #marriage(결혼) #connected(연결된)

refund
환불

Can I get a refund on these socks?

이 양말 환불해 주실 수 있어요?

마유
says

re-(다시) + fund(돈)가 합쳐진 말입니다. 다시 돈을 넣어 준다는 말이죠. 쇼핑할 때 알아 두면 최고인 덩어리 표현은 give someone a refund(-에게 환불해 주다)! 그리고 get a refund(환불을 받다) 정도가 되겠습니다.

#receipt(영수증) #price tag(가격표) #complaint(불평)

corn dog

핫도그

In Korea, we call this a hot dog, not a corn dog.

한국에서는 이걸 핫도그라 불러요, 콘도그가 아니라.

마유
says

흔히 꼬챙이에 꽂아 밀가루를 둘러 튀긴 소시지를 우리는 hot dog라고 부르지만, 원어민들은 corn dog라고 불러요. 우리가 hot dog라고 부르는 건 사실, bun(빵) 사이에 튀김옷을 바르지 않은 소시지와 피클 등을 넣어 먹는 것을 말하죠.

#stick(막대기) #mayo(마요네즈) #mustard(머스터드)

bored
지루함을 느끼는

I'm so bored.
Do you guys want to hang out?

엄청 지루해서 그러는데, 같이 나가서 놀래요?

마유 says

원래 bore(지루하게 하다)라는 동사에서 만들어진 형용사입니다. 주어가 지루함을 당하면 bored, 그리고 남을 지루하게 하면 boring인 거예요.

마유's tip

명사인 boredom(지루함)도 함께 알아 두세요.

#yawn(하품하다) #sleepy(졸리는) #interested(흥미를 느끼는)

회독체크 1회 2회 3회

beach
해변

I'm not ready to go to the beach yet.

아직은 해변에 갈 준비가 안 됐다고.

 마유 says
바다와 육지가 만나는 곳은 shore(해안)이지만 그 안쪽에 있는 모래사장 부분은 beach입니다. 수영, 일광욕 등 해변의 주목적에 맞게 간다고 할 때는 the를 써서 go to the beach라고 하세요.

 마유's tip
그리고 발음을 정말 잘해야 합니다. 입모양을 옆으로 벌리고 발음하지 않으면 욕이 될 수 있어요.

#sand(모래) #surfing(서핑) #tanning(일광욕)

exchange

교환하다

Could you exchange this shirt for an XL?

이 셔츠 좀 XL 사이즈로 교환해 주실 수 있을까요?

마유
says

exchange는 '교환하다'라는 동사도 되지만, '교환'이라는 명사도 됩니다.

마유's
tip

exchange A for B(A를 B로 교환하다)라는 덩어리 표현을 무조건 알아 둬야 하는데, A를 주고 B를 받는 것입니다. 순서를 헷갈리면 안 돼요.

#fee(수수료) #trade(거래하다) #another(다른)

회독체크 1회 2회 3회

misunderstand
오해하다

**I think I misunderstood
what you said earlier.
I'm sorry.**

아까 네가 얘기한 걸 오해한 거 같아. 미안해.

마유 says

mis-(잘못) + understand(이해하다)가 되겠습니다.

마유's tip

더 일상적인 표현이 있는데, get someone wrong이라는 덩어리 표현이에요.
get도 understand처럼 '이해하다'라는 뜻이 되거든요.

#make up(화해하다) #unclear(불분명한) #argue(말싸움하다)

breeze
산들바람

I felt a gentle breeze against my face.

내 얼굴을 스치는 산들바람을 느꼈네.

마유
says

wind(바람)의 하위 단어를 두 개 뽑는다면 breeze(산들바람)와 gusty wind(강풍)가 있겠습니다.

마유's
tip

breeze는 재미있는 의미가 또 하나 있는데, 바로 '식은 죽 먹기'라는 표현입니다. Learning English was a breeze. 이런 느낌이죠.

#gusty(거센) #daydream(몽상) #soft(부드러운)

expire

만료되다

Oh, no! I didn't know my passport expired!

오, 안 돼! 여권이 만료된 걸 몰랐어!

마유
says

정확히 며칠에 만료되는지 날짜와 함께 쓰고 싶다면, on을 넣으세요.
예 Your visa expires on July 2nd. 당신의 비자는 7월 2일에 만료됩니다.

마유's
tip

명사인 expiration(만료)도 함께 알아 두시는데, 다만 발음이 [익스]가 아니라 [엑스퍼레이션]입니다.

#renew(갱신하다) #good(유효한) #until(까지)

review
검토하다

Let's review what we learned today, shall we?

Let's Review!

오늘 배운 걸 복습해 볼까요?

 마유 says

서류 등을 검토한다고 할 때도 쓰지만, 공부한 것 등을 복습한다고 할 때도 씁니다.

 마유's tip

조금 더 일상적인 느낌으로 쓰고 싶다면, go over를 쓰세요.
Go over what you learned. = Review what you learned.

#view (보다) #preview (예습하다) #overview (개요)

회 독 체 크

1회 2회 3회

universe
우주

I'm the luckiest husband in the universe!

난 우주에서 가장 운 좋은 남편이야!

마유
says

universe는 거의 대부분 the와 함께 씁니다. 세상에서 최고라고 쓸 때 in the world만 쓰는 분들이 너무 많은데, in the universe(우주에서)를 써 보세요. 효과가 10배는 됩니다.

마유's
tip

형용사는 universal!

#space(우주공간)   #wonder(궁금해하다)   #huge(아주 큰)

memories

추억

I have good memories with her.

그녀와의 좋은 추억이 있지.

마유 says

사람의 추억은 다양한 기억을 모아 놓은 것이기 때문에 보통 복수로 쓰는 게 자연스러워요. 특정한 추억 하나를 굳이 강조한다면 단수도 가능하겠지만 일반적으로 그렇게 쓰지 않아요.

마유's tip

기억력이 좋다고 할 때는 단수로 You have a good memory!라고 해요.

#remember(기억하다)   #past(과거)   #mixed feelings(섞인[복잡한] 감정)

international
국제의

I just arrived at JFK International Airport.

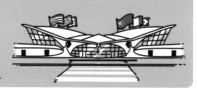

방금 JFK 국제공항에 도착했어요.

 마유 says
inter는 '사이에'라는 의미가 있고, national은 '국가의'라는 뜻의 형용사입니다.
Internet도 사실, '모두의 사이에 걸쳐진 net(망)'인 것이죠.

 마유's tip
반대로, '국내의'라고 할 땐 domestic이라는 단어를 쓰세요.

#nation(국가) #worldwide(세계적인) #flight(항공편)

annoyed

짜증난

My sister ate my cookies.
I'm so annoyed right now!

여동생이 내 쿠키를 먹어 버렸어. 나 지금 엄청 짜증나!

 마유
says

원래 annoy(짜증나게 하다)라는 동사에서 만들어진 형용사입니다. 주어가 짜증남을 당하면 annoyed, 그리고 남을 짜증나게 하면 annoying인 거예요.

 마유's
tip

비슷한 말로는 irritated가 있어요.

#bug(신경 쓰이게 하다)　#mad(화난)　#stand(참다)

July

7월

올해 해외여행 갈 때 딱 3개만 챙기는 겁니다.
1. 자신감
2. 큰 목소리
3. '왕초보영어 일력 365'

EBS 왕초보영어

── 일력 ──

365

EBS 부동의 1위 영어 방송!
EBS 왕초보영어의 진행자 마스터유진과 함께
매일매일 영어 왕초보 탈출!

EBS 왕초보영어 일력 365

by 마스터유진